独立するならどっち!?

改訂6版

個人事業と株式会社のメリット・デメリットがぜんぶわかる本

税理士 関根 俊輔

新星出版社

比べてみました！

独立・開業するなら…

個人事業がトクか？　**会社**がトクか？

税金

所得にかかる税金が安くすむのはどっち？

➡P.34参照

税金

支払う税金の総額が安くすむのはどっち？

➡P.38参照

税金

配偶者控除や扶養控除が受けられるのはどっち？

➡P.44参照

税金

消費税の免税制度を有利に使えるのはどっち？

➡P.46参照

税金

赤字でもかかる均等割を払わずにすむのはどっち

➡P.50参照

税金

赤字を繰り越せる期間が長いのはどっち？

➡P.52参照

税金

不動産を売買するときにトクなのはどっち？

➡P.54参照

税金

開業1年めの確定申告がラクなのはどっち？

➡P.56参照

経費

開業・設立費が安くすむのはどっち？

➡P.60参照

経費

私用の支出の扱いが面倒でないのはどっち？

➡P.62参照

経費

接待交際費が有利なのはどっち？

➡P.64参照

経費

住居の家賃を経費にするならトクなのはどっち？

➡P.66参照

経費

経費の種類を増やせるのはどっち？

➡P.68参照

経費

クルマを経費にするならトクなのはどっち？

➡P.70参照

経費

減価償却が有利にできるのはどっち？

➡P.72参照

経費

生命保険料を払うならトクなのはどっち？

➡P.74参照

経費

退職金をつくる、払うなら有利なのはどっち？

➡P.76参照

手間

開業・設立の手続きがラクなのはどっち？

➡P.84参照

手間

毎日の経理作業がラクなのはどっち？

➡P.88参照

手間

決算・申告の作業がラクなのはどっち？

➡P.92参照

手間

事業の意思決定がラクなのはどっち？

➡P.96参照

手間

事業内容の変更がカンタンなのはどっち？

➡P.98参照

手間

事業の売買がしやすいのはどっち？

➡P.100参照

手間

事業承継がスムーズにいくのはどっち？

➡P.102参照

手間

**廃業するときに
ラクなのはどっち？**

➡P.106参照

信用・その他

**商売上の
信用が高いのはどっち？**

➡P.110参照

信用・その他

**借金の返済から
逃れられないのはどっち？**

➡P.112参照

信用・その他

**資金調達が
有利なのはどっち？**

➡P.114参照

信用・その他

**公的な助成金が
利用できるのはどっち？**

➡P.116参照

信用・その他

社員の募集が有利なのはどっち？

➡P.118参照

個人事業
会社
WIN

社会保険

事業主が社会保険に加入できるのはどっち？

➡P.124参照

個人事業
会社
WIN

こうしてみるとどちらも一長一短があるんだなあ……
どちらが自分に合うのか独立・起業する前によく考えなくてはいけないね！

個人事業と会社は、何が違うのか？

Q 開業の手続きは？

個人事業	会社
◆税務署に開業届を提出 ◆また都道府県・市区町村の税務課に個人事業開始申告書を提出 ◆必要な手続きは税金関係だけ。自分１人でもできる	◆公証役場で定款の認証を受け、登記所（法務局）に法人の設立登記申請書を提出 ◆また税務署に法人設立届書を提出。年金事務所に健康保険・厚生年金保険の新規適用届を提出。（さらに従業員を雇えば労働基準監督署やハローワークへの各種届が必要） ◆手続きは複雑で面倒。自分１人でもできるが、司法書士や行政書士などの専門家に依頼するケースも多い

➡P.84参照

Q 開業にかかる費用は？

個人事業	会社
◆費用はほとんどかからない	◆最低でも20万円程度はかかる ◆内訳は、 •定款認証：約3万～9万円（資本金額などで異なる） •登記申請（登録免許税）：15万円から（資本金の額による） •会社の代表印：8,000円から ◆開業手続きを司法書士や行政書士などに依頼すると別途5万円以上の報酬費用がかかる ◆資本金は1円からＯＫ

➡P.60参照

Q 事業につける名称の重みは？

個人事業	会社
◆名称は「屋号」という ◆税務署へ届け出る際に必要だが、社会的な重みはそれほどない	◆名称は「商号」という ◆法務局への設立登記の申請の際などに欠かせない ◆社会的な責任をもち、信用がある

➡P.31参照

Q どんな税金がかかる？

個人事業	会社
◆所得税、住民税、個人事業税、消費税	◆法人税（赤字でもかかる）、法人住民税（赤字でもかかる）、法人事業税、地方法人特別税、消費税　など ◆これとは別に、社長個人の所得に所得税と住民税がかかる

➡P.50参照

Q 接待交際費の扱いは？

※原則、接待交際費は損金（経費）と認められない

個人事業	会社
◆必要経費と認められれば、全額、損金算入可能	◆必要と認められれば、年間800万円まで損金算入可能

➡P.64参照

Q 赤字が繰越控除できる期間は？

個人事業	会社
◆3年分	◆10年分

➡P.52参照

Q 経理の作業は？

個人事業	会社
◆単式簿記でも複式簿記でも可 ◆多くの場合、自分で経理作業を行い、自分で確定申告する	◆必ず複式簿記で記録 ◆日々の経理作業や年末調整、決算、確定申告は税理士に行ってもらうことが多い

➡P.56、P.88、P.92参照

Q 減価償却の扱いは？

※建物やクルマなどは一括で経費にはできず、減価償却という方法で少しずつ経費化する

個人事業	会社
◆原則、定額法を用いる	◆原則、定率法を用いる

➡P.72参照

Q 民間の生命保険料の扱いは？

個人事業	会社
◆最高12万円の生命保険料控除（所得控除）が適用	◆被保険者が社長で、契約者・受取人が会社の場合は、一部または全部が経費扱い

➡P.60参照

Q 退職金の扱いは？

個人事業	会社
◆個人事業主にも、家族の働き手にも、退職金は経費として認められない	◆毎月の給料を減らしてでも、退職金として支払うことで、税金や社会保険料を安くすることができる

➡P.76参照

Q 社会保険の加入は？

個人事業	会社
◆国民年金と国民健康保険に入る	◆厚生年金保険と健康保険（協会けんぽ等）に入る

➡P.122、P.124、P.128参照

Q 社会保険料の支払いは？

個人事業	会社
◆全額、自分で支払う	◆被保険者自身の支払分のほか、会社としての負担分がある

➡P.128、P.132参照

Q 雇用保険・労災保険の加入は？

個人事業	会社
◆従業員を雇い入れたら加入義務が発生	◆従業員を雇い入れたら加入義務が発生。ただし社長は加入不可

➡P.134、P.136参照

Q 事業をやめるときの手続きは？

個人事業	会社
◆税務署へ廃業届を提出するだけ（青色申告者は所得税の青色申告とりやめ届も提出）	◆法律に従って解散・清算の手続きが必要。費用もかかる（実際には休眠会社にするケースも多い）

➡P.106参照

はじめに

「会社をやめて、独立したい！」

この本を手にしたあなたは、きっとそう思っているはずです。

多くの方は、会社勤めのサラリーマンやOLで、今の職場で得られる安定した収入・待遇を捨ててでも、自分がやりたい仕事を、思い通りにやり、大きな儲けを手にしたい、と闘志を燃やしていることでしょう。

それは、とても素晴らしいことです。独立・起業は、きっとあなたに大きなやりがいと成果をもたらしてくれるでしょう。私も、そんなあなたを精一杯、応援したいと思います。

新しい商売を、自分1人の力でやっていくには、あわてて行動を起こす前に、しっかりとした事前準備が大切です。あなた自身の仕事力や行動力、営業力、資金力などを高めることはもとより、必要な知識や情報を幅広く集めて、つねにベストな「経営判断」をすることが求められます。

「独立するなら個人事業でやるか、それとも会社をつくるべきか」――このテーマこそ、これから事業の「経営者」となるあなたが、まず初めに判断しなくてはならない重要な経営課題です。そこで本書では、〈税金〉〈経費〉〈手間〉〈社会保険〉などの面から見て、個人事業と会社のどちらにしたほうがメリットが大きいのかを、わかりやすく解説しました。

私は税理士として、長年にわたり多くの個人事業主や会社社長のお手伝いをしてきました。税務や会計以外にも、資金調達やマーケティング、働き方改革から、ドロ沼の遺産相続まで、ありとあらゆる悩みに解決の手助けをしてきました。その豊富な経験が、この本にはギッシリとつまっています。

独立・起業に向かって希望をふくらませ、同時に不安や心配もかかえているであろうあなたにとって、この本がおおいに役立つことをお約束します。

税理士　関根　俊輔

第1章 独立する前に知っておくこと

第2章 〈税金〉のメリット・デメリット

第3章 〈経費〉のメリット・デメリット

第4章 〈手間〉のメリット・デメリット

第5章 〈信用・その他〉のメリット・デメリット

第6章 〈社会保険〉のメリット・デメリット

第7章 個人事業はこうして始める

第8章 会社はこうして始める

※本書では特に明記がないかぎり、2023年7月の情報をもとに解説・紹介しています。最新の情報は税務署等にお問い合わせください。

デザイン・DTP：田中由美
イラスト：坂木浩子
編集協力：有限会社クラップス

第1章 独立する前に知っておくこと

独立するメリット・デメリットは？

やりたい仕事ができるが、すべての責任は自分が負う ▶P.14 参照

一国一城の主になれるが、厳しい自己管理が必要 ▶P.16 参照

大きく儲けられるが、収入が不安定になることもある ▶P.18 参照

個人事業と会社では何が違う？

事業名称に重みがあるのは 会社 のほう ▶P.30 参照

設立方法がカンタンなのは 個人事業 のほう ▶P.30 参照

開業・設立費が安く済むのは 個人事業 のほう ▶P.30 参照

独立資金が自由に扱えるのは 個人事業 のほう ▶P.31 参照

税金を安くできるのは 会社 のほう ▶P.32 参照

独立する前に
知っておくこと
1

01 本当に独立・起業するべきかよく考えよう

サラリーマンを辞めて独立すると、いろいろなことが大きく変わります。成功する見通しがもてるのか、慎重に考える必要があります。

◉独立すれば状況は大きく変わる

あなたは、会社に勤めているサラリーマン、ＯＬですか？　それとも何か目標をもちながらアルバイトをしている方でしょうか。あるいは、勤めていた会社が倒産したなど、何らかの理由で今は職についていない方かもしれません。

いずれにせよ、この本を手にとっているあなたは、近い将来、自分の力で独立・起業することを考えているはずです。

そして、独立するにあたって、本書のタイトルに掲げたとおり、「個人事業でやるか、それとも会社をつくったほうがいいか」と頭を悩ませていることでしょう。

でもその前に、あなたに考えてほしいことがあります。それは「**本当に、独立・起業しなくてはならないのか？**」ということです。

なぜなら、独立する前と後では、**あなたを取り巻く状況が劇的に変わってしまう**からです。

例えば今、サラリーマンのあなたが独立すれば、収入はどうなるでしょう。これまでは会社に頼ってきましたが、独立後は誰も安定した収入を保証してくれません。自分の力だけで稼ぎ出さなくてはならないのです。

仕事だって、当初に思い描いたとおりに順調にいくとは限りません。サラリーマン時代のお得意様も、会社という看板を外したとたん、離れていってしまうことは少なくありません。起業すると、常に仕事とお金の悩みがつきまといます。

また将来、大きな病気やケガをして仕事ができなくなることだって考えられます。そうしたイザというときの備えや、老後の生活資金の確保なども、独立すればすべて自分1人の力でなんとかしなくてはなりません。

その一方で、自分で事業を行うことには大きな魅力があります。本当にやりたかった仕事を、自分の思うようにやり、なおかつそれで稼げることができれば、充実感はひとしおでしょう。やりようによっては、手にする報酬も大きくなるし、商売に関わるお金も自由に使えます。

それでもやはり、独立・起業は素晴らしいことばかりではありません。その必要性と、退路を断つ覚悟が本当に自分にあるのかどうか、独立して成功する見通しがもてるのかどうかを、ここで改めて、よく考えてほしいと思います。

独立・起業のメリット・デメリットを検討しよう!

◉起業するのはカンタンだけど…

本書の書き出しから、少し厳しい話だったかもしれません。

でも、なぜこんなことをいうかといえば、独立に際しての考え方や、独立後の環境が、以前と比べてかなり変わってきているからなのです。

例えば最近では、労働人口の減少で、会社を辞めて独立するのはそれほどむずかしいことではない、と気軽に考える人が多いようです。

ひと昔前なら、「会社を辞めるなんて、とんでもない」という雰囲気が強かったものです。そして独立するとなれば、仕事の知識や技術、人脈をしっかりと培ったうえで、創業に必要な資金も十分に用意してから始めているのですから、成功する確率も高かったといえます。

ところが今や、独立・起業は社会的にも開かれており、きっかけやチャンスがあれば誰でも挑戦してみようという気持ちになるものです。でもこれこそが、思わぬ「落とし穴」なのです。

例えば近ごろでは、インターネットを活用した事業で独立しようという人が増えています。起業資金もそれほどかからず、自分1人でカンタンに始められると思うのでしょう。でもすぐに、独立して商売をするとは、そんなにラクではないことに気づきます。なぜなら、ライバルがたくさんいるからです。少しばかりの知識や技術だけでは、お客様は仕事をくれません。ラクに起業できたのなら、それは誰でも真似してラクに稼げる業種なのです。

また、定年になった人や、希望する職業に就けない人が、しかたなく起業するケースも多いようです。ただ、残念ながらそううまくはいきません。失敗の最たる理由は「見込み違い」。事業計画も資金計画も立てずに、起業さえすれば何とかなる、といった甘い考えでスタートしてしまうからです。

確かに、以前と比べれば、独立・起業はカンタンにできるようになりました。でも、顧客の獲得や資

独立して成功するには、周到な準備が必要！

金繰りなど、事業を運営するうえで大事なことは、以前と比べてそれほど恵まれた環境に変わったわけではないのです。

独立して成功するには、楽観的な考え方ではなく、あらかじめ自分の能力の限界まで知った上で、周到な事前準備が不可欠といえます。

◉会社を辞めずに「副業」という手も

そして、もし、「今はまだ、独立するのは不安がある」というのならば、ほかに手はあります。当面は今の仕事をつづけながら「**副業**」として行うのです。

副業として試行錯誤を重ねて、手応えをつかんでから独立すればいいのです。何しろ、独立してしまってからではカンタンに後戻りできません。副業という形で、独立の予行練習をしてみるのは一考に値するはずです。

あなたは今、人生の大きな岐路に立っています。たかが仕事で、失敗する必要はないのです。

02 独立するメリット・デメリットは？

独立すれば、やりたかった仕事を自由にできます。その一方で、今まで以上の責任やリスクを伴います。長所と短所をよく考えましょう。

◉やりたい仕事ができる、けれど…

あなたは、なぜ、独立したいと考えているのでしょうか。

脱サラした人の動機として多くあげられるのが「独立すれば好きな仕事、やりたい仕事を、自分の思いどおりにできるから」。

確かに、雇われの身では仕事や取引先を自由に選ぶことはむずかしいので、この点は独立・起業の大きな魅力といえるでしょう。

サラリーマン時代にはやりたくても任せてもらえなかった仕事ができます。会社の上司と意見が食い違い、「自分だったらこうしていたのに」と悔しい思いをしていたことが実現できます。なかには、今までの仕事とはまったく違うジャンルに挑戦して、夢を叶えようとする人もいるでしょう。

本当にやりたいことができるのですから、**やりがいや満足度、達成感も、サラリーマン時代よりも大きなものが得られる**でしょう。これらはすべて、独立・起業の大きなメリットといえます。

でも、その一方で、独立すればサラリーマン時代とは比較にならないほど大きな責任を伴うことも忘れてはなりません。

会社の一員なら、仕事上のミスやトラブルは同僚や上司がカバーしてくれ、最終的には会社があなたを守ってくれます。ところが、ひとたび独立すれば、**すべての責任は自分で負い、対処しなくてはなりま**

せん。

　サラリーマンなら、万一、大きな失敗をしても、責任はある程度限定されます。最悪でも、辞表を出せば済むかもしれません。でも、独立したらそうはいかないのです。一切の責任はあなたにのしかかってきます。それこそ、ほんの小さなミスやトラブルが、命取りになる可能性だってあるのです。やりたいことをやるとは、当然、その代償として大きな責任が伴うのです。

　また従業員を雇えば、あなたの責任はさらに大きくなります。彼らには家族がいて、老後があり、家やクルマのローンがあります。生活を保証しなくてはなりません。

　さらには、サラリーマン時代とは立場が逆転して、従業員が起こしたミスやトラブルは、最終的にはあなたが全責任を負わなくてはならないのです。

　これは独立のデメリットというよりも、心構えの話かもしれません。今日のように、少子高齢化で景

独立後はサラリーマン時代よりも責任が重い！

気の先行きが不安定なときに独立するのは、ただでさえ「**ハイリスク・ローリターン**」だという人もいます。それでも「独立して、ひと旗あげよう!」と考える人には、それによって社会的な責任が増すことは、しっかりと覚悟してほしいと思います。そうしたタフな精神力をもたない限り、今どき独立して成功することは望めません。

好きなこと、やりたいことを仕事にできるのは、とても幸せなことです。ハッピーだけれど、すべてがうまくいくものでもありません。あなたがやろうとしていることには、メリットとデメリットがつねに背中合わせです。独立・起業を目指す人は、まずそのことをしっかり理解してください。

◉一国一城の主になれる、けれど…

会社をつくれば、あなたは代表取締役、つまり社長になります。個人事業を選んだ場合も、あなたはその事業の代表者になります。社長や代表といった肩書きは、何より聞こえがいいし、名刺に刷り込めば見栄えもいいものです。何だか、それだけでステータスを得たような気分になるでしょう。

そして「一国一城の主」になれば、サラリーマン時代のように上司の顔色をうかがわなくてもよくなります。仕事の成果で、同僚や先輩と比較されることもありません。自分がトップなのだから、他人から管理もされません。**すべて自分で判断し、行動できます**。

でも、逆にいえば、だれもあなたを管理してくれません。実はこれが、失敗につながる思わぬ「落とし穴」なのです。

わかりやすい話をしましょう。例えば「時間の管理」。独立すれば、働く時間にしばられません。

サラリーマン時代は、会社の定時に出退社、仕事は多忙でも定められた残業時間内に任務を遂行しなくてはなりません。それが、いつ仕事を始めようが終わろうが、何時間働こうが、自分の裁量で自由に

自己管理できない人は独立に向いていない!

決められます。うまくすれば、昼間から家族や趣味に割く時間をつくることもできてしまいます。

でも実際には、むしろ独立してからのほうが時間管理を厳しくしないといけません。事業主や社長に残業代は出ませんから、あなたが働いた分だけ経費は削れます。そもそも、あなたがやらなくては仕事が回らないことが多くなるからです。

サラリーマンなら「ノー残業デー」があったり、有給休暇の消化を命じられることもあるでしょう。でも独立後は、誰も休めとは言ってくれません。自分で時間管理ができなければ、ダラダラと仕事をつづけてしまい、オンオフの切り替えもむずかしくなってしまいます。しかも、従業員を雇っていれば、彼らの労働時間にも目を配らなくてはなりません。

つまり、**厳しい自己管理が必要になる**のです。これは意外に大変なことです。サラリーマン時代も、ある程度は職務上の自己管理を求められたでしょうが、あなたはそれを、しっかりできていたといえるでしょうか。

一国一城の主になるのは大きな魅力です。勤めていた会社の看板を外しても、お客様から「あなただから、この仕事を頼みたいんだ」といわれれば、気分もいいし、ヤル気も増すでしょう。しかも、仕事は自由に、マイペースでできます。でも、事業を成功させるには、しっかりと自己管理できることが大切な条件となるのです。

その「落とし穴」にひっかかり、失敗したとき、あなたは自分が築いた「城」から、おいそれと逃げ出すことができないことを肝に銘じてください。

● 大きく儲けられる、けれど…

会社の一員だと、自分の努力によって新規の顧客を獲得したり、大きな受注をもらっても、得られる恩恵はそれほど大きくはありません。でも、独立すれば**すべての収入が自分のものになります**。売れれば売れるほど、稼げば稼ぐほど収入が増えるのです。自分の努力によって得た成果が、すべて自分のものになるのなら、仕事のモチベーションは、大いに高まることでしょう。

また、仕事に関わるお金は経費として扱うことができ、その分は課税対象から外せます。例えば、交際費や会議費、交通費などの中には、仕事に関わる出費なのか、それとも個人的な出費というべきなのか、判断があいまいなものもあるでしょう。実際には個人的な出費だったとしても、このグレーゾーンの部分は経費として処理できる場合があるのです。この点も、独立したときのお金に関わるメリットといえます。

でもその一方で、現在の収入よりも下がる可能性だってあります。仕事がつねに順調にいくとは限りません。それに伴い、お金の出入りも思うようにいかないこともあるでしょう。今年は業績が良くて、給与をたくさんとれたとしても、来年はどうなるかわかりません。大幅に減収することだって考えられ

資金繰りなど今までなかったお金の苦労がある！

ます。独立は、一攫千金の夢があると同時に、**収入が不安定になるリスクも抱えている**のです。

また、独立後は自分の収入だけでなく、事業に関わるお金全般のやりくりを考えなくてはなりません。資金繰りをはじめとするお金の心配がつねにつきまとい、場合によっては仕事に行き詰まって多大な負債を抱えてしまうこともあります。

例えば、独立するときには初めにある程度のお金（開業資金や当面の運転資金）が必要なのに、これを準備していないと、後でとんでもないことになってしまいます。

独立してお金を稼ぐには大変な努力が必要です。ラクに稼げることはありません。そして、独立すれば今までになかったお金の苦労があることを肝に銘じておきましょう。

そして、お金で失敗しないためには、独立する前に、儲ける、成功するための準備や計画を用意周到に行うことが大切です。

03 独立後はどうするか「事業計画」を立てよう

事業計画をしっかりと立てておくことが、独立・開業を成功に導きます。6つのステップで具体的な事業の青写真を描きましょう。

◉成功への青写真を描く

さあ、独立に向かってしっかりと気持ちを固めたら、早速、独立後の青写真を描きましょう。

独立するにあたっては、どんな商売を、どうやって行うかを、あらかじめ十分に検討しておく必要があります。

まず、自分が手がけようとしている商売の特色や方向性、そして社会的な意義など、頭の中にぼんやりとある「こうしたらいけるんじゃないか」というイメージを「**事業計画**」として具体的にアウトプットしていきます。

その後、現実的にモノを仕入れ、人を雇い、諸経費を支払ったときに、本当にお金が回るかどうか、そもそも独立して飯が食えるかどうかを、「**資金計画**」を立ててできるだけ数値化し、具体化する必要があります。

それでは実際に、事業計画から作成していきましょう。最終的には23ページに掲げた図のような手順と内容になります。

Step1 事業の概要をまとめる

まずは、事業に関わる基本的な事項、概要を整理します。

事業体の名称（個人事業なら屋号、会社なら商号）や、事業を行う場所の所在地、連絡先、そして取り扱う業種などを検討します。

Step2 動機を明らかにする

事業計画を立てるには、独立して商売をしようと思った根本的な「**動機**」が、しっかりと説明できなくてはなりません。

あなたが独立を決意するまでの経緯や、将来の夢を熱く語るとき、周りの人はその本気度に初めて気づかされ、応援しようと思うものです。

Step3 経営理念を確立する

しっかりとした動機をもとに、どのような方針で事業を運営していくのか、また社会に対してはどう貢献し、お客様との接点をどう見出すのかを、「**経営理念**」として確立しましょう。

これが、あなたがこれから行う事業の「旗」になります。はっきりとした「旗」をふれば、その下には必ず多くの賛同者が集まります。

この経営理念は、短く覚えやすいフレーズにまとめておきましょう。

Step4 市場を分析する

さて、ここからが事業計画を立てるポイントになります。はっきりとした動機や経営理念があっても、それを「活かす」場面や環境がなければ何も始まりません。

そこで、自分の商売に関わる「**市場を取り巻く環境**」を分析する必要があります。

お客様の動向、ライバルの事業内容、市場全体の将来性などを、さまざまな方面から情報を入手し、分析します。

あなたの事業を成功させるためには、「**自分が何を売りたいのか**」**ではなく、**「**相手（市場）が何を必要としているのか**」という視点をつねに持ちつづけなくてはなりません。その答えを、市場を取り巻く環境を分析して引き出しましょう。

Step5 ビジネスプランを考える

つづいて、あなたの事業の具体的な「**ビジネスプ**

ラン」を作成します。

営業する場所、提供する商品やサービスの内容と価格、ターゲットとなるお客様像、販売の方法、広告戦略などをより具体的に決めていきます。

このビジネスプランを検討するときは、24ページ以降で解説する「資金計画」についてもイメージしながら、計画を練るようにします。

Step6 中長期戦略を練る

開業後1～2年の短期的なビジネスプランができたら、さらに**「中長期の戦略」**もイメージしておきましょう。

事業を継続的に成長させるために、どのくらいの売上が必要なのか。その売上を支えるには、どれだけの資金や人材を確保しなくてはならないのか。3年後、5年後、10年後の事業のあり方を、できるだけ具体的に検討します。

将来に向けたビジョンを明確にもつことにより、お客様や取引先、金融機関などの信頼を得て、後押しをしてもらえるのです。

◉こんな人が事業を失敗させる

なぜ、こうした事業計画が必要なのかといえば、せっかく独立・起業しても、無為無策で事業に着手してしまい、失敗する人が後を絶たないからです。

開業すれば、お客様が自然と集まってくるわけではありません。提供する商品やサービスが、お客様のニーズに合わなければ、それらは売れません。

とくに、次のような事業者は、商売を始めても苦戦するものです。

・「売れる」ものと、「売りたい」ものを勘違いしている事業者
・「売れる」値段で用意できない事業者
・「売れる」ものを継続的に用意できない事業者

事業計画を練るときは、こうした点にも留意するべきでしょう。

事業計画を立てる手順

Step 1　事業の概要をまとめる

- □ 事業体の名称（屋号／商号）は?
- □ 代表者・役員等は?
- □ 事業所の所在地・連絡先は?
- □ 業種は?
- □ 開業する時期は?

↓

Step 2　動機を明らかにする

- □ 独立する前に何をしていたか（経験・実績・資格）?
- □ 独立を決めたきっかけは何か?
- □ どんなことをしようとしているのか?
- □ それをどのように実現したいのか?

↓

Step 3　経営理念を確立する

- □ 事業を運営するうえでの基本的な方針は?
- □ お客様や社会にどんな貢献をするのか?
  ※短く、覚えやすいフレーズにまとめる

↓

Step 4　市場を分析する

- □ お客様の動向・トレンドは?
- □ ライバルの事業内容・業績は?
- □ 市場の将来性は?

↓

Step 5　ビジネスプランを考える

- □ 提供する商品・サービスは?
- □ それをいくらで提供するのか?
- □ ターゲットとなるお客様像は?
- □ どのように販売するのか?
- □ どのように広告・宣伝するのか?
- □ 雇用、設備投資、出店のプランは?

↓

Step 6　中長期戦略を練る

- □ 3年後、5年後、10 年後の事業のあり方は?
- □ 達成したい目標は?

独立する前に知っておくこと 1

04 事業に必要なお金を回す「資金計画」を立てよう

商売を始めると毎月の生活費のほかに、事業にかかる固定費や変動費が発生します。いくら必要なのか把握しておきましょう。

◉いくら必要か算出する

Step1 毎月の生活費を算出する

事業計画を立てたら、次に「**資金計画**」を考えます。事業は順調でも、お金の出入りが行き詰まったのではどうにもなりません。

初めに、現状から予測して、独立後の**毎月の生活費がいくらになるかを算出**しましょう。26ページの図の〈Step 1〉を参考にしてください。ここに書かれた項目のほかにも、あなたの家庭で生活費として出費するものがあるかもしれません。また、いったん合計した額を、さらに2割増しにした額を最終的に必要な毎月の生活費とします。不測の出費に備えて、多めに見ておく必要があるからです。

Step2 事業の固定費を算出する

事業を運営するには、事務所や店舗を構えたり、従業員を雇い入れるなど、いろいろと経費がかかります。これらの経費が最低限、毎月いくらかかるかを見ていきます。26ページの図の〈Step 2〉にあげた項目は、売上がなくても毎月支払わなくてはならない出費です。これを「**固定費**」と呼びます。

先ほど計算した生活費と、この固定費の合計額は、その月の売上があるなしに関わらず、一定額が毎月出ていきます。ということは、最低でも毎月、この生活費と固定費の合計額分の売上がないと事業が回らないことになります。これが、独立できるかどうかの、重要な目安となります。

Step3 事業の変動費を算出する

事業計画を作成することによって、事業の規模や内容が明らかになりました。そしてこれにもとづいて、新たな経費の支出が予想されます。

例えば、原材料はどのくらい仕入れるのか。従業員は何人雇えばいいのか。材料の調達や商品の発送はどのくらいかかるのか。広告はどうするのか。これらはすべて、先に計算した生活費や固定費に加えて、事業に必要な支出となります。

これを会計上は「**変動費**」と呼びます。26ページの図の〈Ｓｔｅｐ３〉を参考にして、予想されるおおまかな変動費を計算してみましょう。

Step4 損益分岐点売上高を算出する

事業を行うことで、利益が出るか、損失が出るかの分かれ目となる売上高を「**損益分岐点売上高**」といいます。

毎月の生活費、毎月の固定費、毎月の変動費を合計した経費の額が、この損益分岐点売上高（月ごと）です（26ページの図の〈Ｓｔｅｐ４〉を参照）。

つまり、最低でも毎月、この額を売り上げなくては話になりません。逆に、これ以上の額を売り上げれば、その分が商売の利益となるわけです。

Step5 開業資金を算出する

資金計画の仕上げは、独立するときに当面必要となる資金の準備です。これには、２つの種類があります（26ページの図の〈Ｓｔｅｐ５〉を参照）。

１つは、事務所や店舗の内装や、機械、什器、備品の購入に必要な「**設備資金**」。もう１つは、開業前に契約した家賃や初期準備費用、また開業後、事業がうまくいきだして、損益分岐点売上高に達するまでの毎月の経費を補てんする資金、すなわち「**運転資金**」です。これを総称して、「**開業資金**」といいます。

この資金を準備するには、自己資金のほか、親族

資金計画を立てる手順

Step 1　毎月の生活費を算出する

- □ 住居費
- □ 水道光熱費
- □ 通信費
- □ 食費
- □ 交通費
- □ 生活にかかる雑費
- □ 趣味などにかかる雑費
- □ 子どもの教育費
- □ 各種保険料

Step 2　事業の固定費を算出する

- □ 事務所・店舗などの家賃
- □ 備品や消耗品費
- □ 各種保険料
- □ その他の雑費（同業者団体の会費など）
- □ 借入金の返済費

Step 3　事業の変動費を算出する

- □ 仕入原価・原材料費
- □ 広告宣伝費
- □ その他、営業にかかる諸経費
- □ 従業員の給料（事業主と家族を除く）
- □ 流通経費（発送費など）
- □ 交通費
- □ 通信費
- □ 水道光熱費

Step 4　損益分岐点売上高を算出する

毎月の【生活費】＋毎月の【固定費】＋毎月の【変動費】

↓

毎月の【損益分岐点売上高】

・超えれば………事業は**黒字**

・超えなければ…事業は**赤字**

Step 5　開業資金を算出する

設備資金	開業時の事務所や店舗の賃借費、設備や備品、車両やソフトウェアの購入費などの額
＋	
運転資金	商品やサービスの仕入費・材料調達費、事業が軌道に乗るまでの、約半年間にかかる支出（生活費・固定費・変動費）の額
↓	
開業資金	自己資金はいくらあるか 不足分はどこから調達するか

や友人からの借り入れや、金融機関からの融資が考えられます。

◉開業する人に融資してくれる金融機関

これから独立・起業する人や、開業後間もない人にも、積極的に資金を融通してくれる金融機関が**日本政策金融公庫**です。

国が１００％出資する政府系の金融機関で、中小企業向けの融資を行っているところなので安心して利用できます。いまでは24時間３６５日、インターネットで申込みが可能です。

その際に提出しなくてはならないのが「**創業計画書**」です。創業の動機や取扱い予定の商品・サービス、取引先、設備資金・運転資金の調達方法、今後の事業の見通しなどを、あなたがまとめた事業計画と資金計画をもとに書き込みます。

28〜29ページに記入例を掲載したので参照してください。

開業資金の概算表

26ページの手順図の内容を参考にして、①〜⑦の概算金額を算出していきます。

① 毎月の生活費	円
② 毎月の固定費	円
③ 毎月の変動費	円

→

④＝①＋②＋③ 損益分岐点売上高	円

↓

⑤＝④×6カ月 運転資金	円
⑥ 設備資金	円

←

⑦＝⑤＋⑥ 開業資金	円

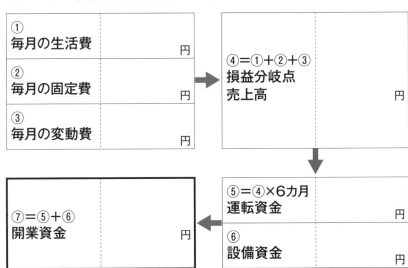

創業計画書の記載例

☆ この書類は、ご面談にかかる時間を短縮するために利用させていただきます。
　なお、本書類はお返しできませんので、あらかじめご了承ください。
☆ お手数ですが、可能な範囲でご記入いただき、借入申込書に添えてご提出ください。
☆ この書類に代えて、お客さまご自身が作成された計画書をご提出いただいても結構です。

5 従業員

常勤役員の人数（法人の方のみ）	人	従業員数（3ヵ月以上継続雇用者※）	1 人	（うち家族従業員）	人
				（うちパート従業員）	人

※ 創業に際して、3ヵ月以上継続雇用を予定している従業員数を記入してください。

6 お借入の状況（法人の場合、代表者の方のお借入）

お借入先名	お使いみち	お借入残高	年間返済額
	□事業 ☑住宅 □車 □教育 □カード □その他	2,000 万円	120 万円
	□事業 □住宅 □車 □教育 □カード □その他	万円	万円
	□事業 □住宅 □車 □教育 □カード □その他	万円	万円

7 必要な資金と調達方法

	必要な資金	見積先	金額	調達の方法	金額
設備資金	店舗、工場、機械、車両など（内訳）		600 万円	自己資金	400 万円
	内装工事（別紙の見積書どおり）	△△工務店	400 万円	親、兄弟、知人、友人等からの借入（内訳・返済方法）	万円
	備品類	△△家具店	100 万円	日本政策金融公庫 国民生活事業からの借入	600 万円
	陳列棚	△△家具店	100 万円	他の金融機関等からの借入（内訳・返済方法）	万円
運転資金	商品仕入、経費支払資金など（内訳）		400 万円		
	当初在庫		300 万円		
	広告費		100 万円		
合計			1,000 万円	合計	1,000 万円

8 事業の見通し（月平均）

		創業当初	1年後又は軌道に乗った後（○年 ○月頃）	売上高、売上原価（仕入高）、経費を計算された根拠をご記入ください。
売上高①		200 万円	240 万円	①売上高 平均単価 8,000 円 ×10 名 ×25 名＝200 万円
売上原価②（仕入高）		120 万円	144 万円	
経費	人件費（注）	20 万円	20 万円	②原価率 60%
	家賃	20 万円	20 万円	③その他
	支払利息	3 万円	3 万円	インターネット広告費 3 万円
	その他	17 万円	17 万円	リース 2 万円
	合計③	60 万円	60 万円	光熱費 4 万円 通信費等 8 万円
利益 ①－②－③		20 万円	36 万円	（注）個人営業の場合、事業主分は含めません。

9 自由記述欄（追加でアピールしたいこと、事業を行ううえでの悩み、欲しいアドバイス等）

ほかに参考となる資料がございましたら、併せてご提出ください。

（日本政策金融公庫 国民生活事業）

創業計画書の記載例

創 業 計 画 書　〔令和　○年　○月　○日作成〕

お名前　新星太郎

1　創業の動機（創業されるのは、どのような目的、動機からですか。）

	公庫処理欄
現在まで、婦人服販売業・株式会社○○のバイヤーをつとめてきたが、新たに開拓した仕入先（アルゼンチン・ブエノスアイレス）の新鋭デザイナーの将来性を信じ、日本国内の正規代理店として開業する運びとなった。	

2　経営者の略歴等（略歴については、勤務先名だけではなく、担当業務や役職、身につけた技能等についても記載してください。）

年　月	内　容	公庫処理欄
平成○年○月 ～×年×月	株式会社○○エグゼクティブ・バイヤー	
過去の事業経験	☑事業を経営していたことはない。 □事業を経営していたことがあり、現在もその事業を続けている。 （⇒事業内容：　　　　　） □事業を経営していたことがあるが、既にその事業をやめている。 （⇒やめた時期：　　　年　　　月）	
取得資格	☑特になし　□有（　　　　番号等　　　　）	
知的財産権等	☑特になし　□有（　　　　□申請中　□登録済）	

3　取扱商品・サービス

		公庫処理欄
取扱商品・サービスの内容	①ブエノスアイレスのデザイナーの奇抜でエキゾチックなデザインの婦人服（売上シェア　100　%） ②（売上シェア　　%） ③（売上シェア　　%）	
セールスポイント	国内で最近流行しているデザインと、普遍的な魅力をあわせもつ婦人服を、今までに築いた信頼関係により格安に仕入れ、高い利益率で販売できる点。	
販売ターゲット・販売戦略	20～30代のファストファッションを利用する。またこれとは別に50～60代の生活に余裕のあるミセスをターゲットにブランドをインターネットで販売する。	
競合・市場など企業を取り巻く状況		

4　取引先・取引関係等

	フリガナ 取引先名 （所在地等（市区町村））	シェア	掛取引の割合	回収・支払の条件	公庫処理欄
販売先	（　　　）	%	%	日〆　日回収	
	（　　　）	%	%	日〆　日回収	
	ほか　社	%	%	日〆　日回収	
仕入先	ブエノスアイレス（　　　）	100 %	100%	末日〆　翌15日支払	
	（　　　）	%	%	日〆　日支払	
	ほか　社	%	%	日〆　日支払	
外注先	末（　　　）	翌15 %	%	日〆　日支払	
	ほか　社	%	%	日〆　日支払	
人件費の支払	日〆　日支払（ボーナスの支給月　月、　月）				

独立する前に知っておくこと 1

05 個人事業と会社では何が違うのか？

個人事業と会社では、事業につける名称の重みが違います。また設立方法や費用、資金の扱い方など、異なる点がいろいろとあります。

◉名称の重みが違う

「独立するなら、個人事業と会社のどちらがトクか」を考える前に、個人事業と会社の主な違いについて知っておきましょう。

まず、事業を行うときには、その事業体の名称が必要になりますが、個人事業と会社とでは、その名称がもつ社会的な「重み」が違います。

個人事業の場合、この名称を「**屋号**」といいます。個人事業の屋号は、税務署に開業届けや青色申告をする際に必要ですが、社会的な重みはそれほどありません。

なぜなら、屋号は事業を総称する「愛称」ほどのイメージしかもたれず、また会社のように責任ある事業体と認知されにくいからです。

一方、会社の社名は「**商号**」といい、設立時に法務局へ届け出るという厳格な手続きを踏みます。そして会社という組織は、社会的責任を有する「法人格」をもつことになるので、その名称である商号は社会的な重みをもつのです。

◉設立方法と費用が違う

個人事業と会社の違いの2つめは、設立の仕方とそれにかかる費用です。

個人事業なら、商売を始めるための手続きはそれほど面倒なことはありません。従業員を雇わないのなら、税務署などに税金関係の手続きを行うだけで済んでしまいます。すべて自分でやるなら、カンタンだし、費用はほぼかかりません。

一方、会社の設立は、法務局へ会社の概要を登記する手続きが必要になります。

これは、個人でやるにはいろいろと面倒なことが多く、そのうえ**設立費用として最低でも約25万円**かかってしまいます（株式会社の場合。60ページを参照）。

◉独立資金の扱い方が違う

初めに用意した独立のための資金の扱い方についても、個人事業と会社とでは大きな違いがあります。

個人事業では、独立資金は「元入金」として扱い、それ以後のお金の出し入れに細かい制約はありません。

もし、順調に売上があがって、この元入金が事業に必要でなくなったら、自分のプライベートの通帳に戻してしまってもかまいません。どう扱おうと自

個人事業と会社で大きく異なる点

	個人事業では…	会社では…
事業につける名称の重み	名称は「屋号」という。 税務署への届出の際に必要だが、社会的な重みはそれほどない。	名称は「商号」という。 法務局への設立登記の申請の際などに欠かせない。 社会的な責任をもち、重みがある。
設立方法とかかる費用	従業員を雇わないのなら設立はカンタン。 税金関係の手続きだけで済むので、自分１人でも行える。 費用はあまりかからない。	法務局への設立登記など、各種の手続きが複雑で面倒。 自分１人でやっても最低25万円くらいかかる。 司法書士、行政書士などの専門家に依頼すると、さらに費用がかさむ。
初めに用意した資金の扱い方	独立の手続きをしたら、それ以後のお金の出し入れには細かい制約はない。	会社の資本金となったお金は、何の理由もなしに、勝手に出し入れできない。出資した個人に返済されない。

由です。

でも、会社をつくるとそうはいきません。なぜなら、独立資金の一部は「**資本金**」となり、これは会社の礎《いしずえ》になるからです。資本金は、設立後も会社の収益を生み出すもとになるものなので、会社の中にずっと据え置かれます。何の理由もなく出資した個人に返済されるものではありません。事業が成功しようが失敗しようが、原則的には会社へ投資しっぱなしになるのです。

◉税金のかかり方が違う

そして、最も違いが表れるのは、税金面です。

個人事業では、売上（「収入」とほぼ同じ意味）から経費を差し引いたものが、事業上の「所得」となり、これに対して所得税や住民税などが課税されます。

一方で会社は、事業の売上から諸経費や社長の給料、つまり「役員報酬」を差し引いた残りの利益に対して、法人税や法人住民税などが課されます。

このとき、給与所得である役員報酬には社長個人の所得税や住民税が課せられるものの、その額を会社に利益が残らないように設定すれば、法人税は安く済む場合も出てきます。

加えて、個人事業主として得る「事業所得」よりも、会社の社長として受け取る給与所得のほうが、課税額が安く済むケースも少なくありません（詳しくは34ページを参照）。

また、「消費税」についても慎重に扱わなければなりません。

個人事業も会社も、一定の小規模事業者であれば納税は免除されるのですが、場合によっては、独立当初は個人事業で始めて、後から「法人成り」をしたほうが、両方の免税期間を有効に利用できる可能性があります（46ページを参照）。

それでは次の第2章から、個人事業と会社のメリットとデメリットを詳しく見ていきましょう。

第2章 〈税金〉のメリット・デメリット

所得にかかる税金は？

会社 のほうがトク▶P.34 参照

家族に給料を払うなら？

会社 のほうがトク▶P.38 参照

配偶者控除・扶養控除を受けたいなら？

会社 のほうがトク▶P.44 参照

消費税の免税業者になるなら？

個人事業 から始めたほうがトク▶P.46 参照

赤字の繰越控除をするなら？

会社 のほうが有利▶P.52 参照

不動産を売買するなら？

会社 のほうがトク▶P.54 参照

開業1年めの申告は？

個人事業 のほうがラク▶P.56 参照

01 所得にかかる税金は会社のほうがトク

会社から給料をもらう人（サラリーマン）には「給与所得控除」という必要経費が認められます。これは税金面での大きなメリットです。

◉個人と会社では税金のかかり方が違う！

第1章で軽くふれたように、個人事業主と会社の社長とでは、税金のかかり方が違ってきます。

個人事業主の場合は、その事業で得られた「売上（「収入」とほぼ同じ意味）」から「必要経費」を差し引いた残りが「所得」となります。これを「**事業所得**」といい、これに対して個人の**所得税**や**住民税**が課せられます。

一方、会社をつくって社長になると、事業で得られた売上は、社長個人ではなく、会社の売上となります。

そして社長は、その売上の中から「**役員報酬**」という名目で、会社から毎月一定額の給料を受け取ることになります。

そのため、会社をつくって社長になると、この役員報酬のみが社長個人の「所得」となり、これに対して社長個人への所得税や住民税が課せられるのです。

ところが、役員報酬をはじめとする経費を売上から差し引いても、まだ会社に利益が残る場合には、それに対して「**法人税**」という税金が会社に課せられてしまいます。

つまり、会社をつくることを検討する際には、社長個人が支払う所得税・住民税と、会社が支払う法人税・住民税とを合算して、**全体での税額がいくらになるかを考える必要がある**のです。

◉「給与所得控除」の分、会社が有利！

　そうなると、個人事業主が事業所得に対してのみ税金がかかるのに比べ、会社をつくると社長個人にも会社にも税金がかかるのだから損ではないか、と思われるかもしれません。でも、違います。

　ここでカギとなるのが「**給与所得控除**」です。これは会社から給料をもらうサラリーマンにも、収入によって一定の割合を**必要経費**として認めてあげようという制度です。

　先ほど述べたように、個人事業主が得た「売上（≒収入）」は、そのすべてに所得税や住民税が課せられるわけではありません。売上から必要経費を差し引いた残りが、課税の対象となります。

　一方で、社長を含め、いわゆる〝サラリーマン（給与所得者）〟が受け取る給料については、個人事業主のように必要経費を差し引

給与所得控除の節税効果

		個人事業主	会　社	会社の社長	差　額
売　上		1,000万円	1,000万円	――	0
経費となるもの	自分に給料	――	600万円	600万円	0
	その他経費	400万円	400万円	――	0
	給与所得控除	――	――	164万円	**164万円**
所得金額合計		600万円	0	436万円	**－164万円**
所得税（法人税）		約69万円	0	約35万円	**約－34万円**
住民税		約56万円	7万円	約40万円	**約－9万円**
（個人）事業税		約15万円	0	――	**約－15万円**
会社をつくった場合の所得税などの節税金額➡					**約－58万円**

※各種控除なし。基礎控除48万円（住民税は43万円）のみのもっとも高い税金計算をしている
※法人住民税の均等割（49ページ参照）は7万円で計算している
※原則、個人事業の場合、一定の業種（法定業種）で、一定の所得（290万円）を超える事業主は、「個人事業税」が別途課税（一部を除き一律5%）されるので、これを加味して計算している

くという税額の計算方法は認められていません。

でも、サラリーマンだっていろいろと経費がかかるものです。スーツやパソコンなどは、仕事になくてはならないもの、購入の必要があるものです。これらの経費を差し引いて税額を計算しなくては、不公平な税制になってしまいます。

そこでつくられたのが「給与所得控除」という制度です。これによってサラリーマンは、収入の一定の割合を必要経費として無条件で差し引けます。

もちろん、会社の社長も給与所得者になりますから、この制度の恩恵を受けられます。

つまり、会社をつくって社長になれば、事業を行ううえで実際に支払ったた

個人事業の場合と会社の場合での税金の違い

年収	個人事業主（所得税＋住民税＋個人事業税）	会社＋会社の社長（所得税＋住民税＋法人住民税）		差額（節税効果）
400万円	約71万円	約44万円	➡	約**27**万円 お得！
600万円	約141万円	約82万円	➡	約**59**万円 お得！
800万円	約212万円	約134万円	➡	約**78**万円 お得！
1,000万円	約295万円	約199万円	➡	約**96**万円 お得！
1,200万円	約392万円	約273万円	➡	約**119**万円 お得！
1,500万円	約538万円	約404万円	➡	約**134**万円 お得！

※各種控除なし。基礎控除48万円（住民税は43万円）のみのもっとも高い税金計算をしている
※会社の場合、自分に給料を払うことで会社に利益が残らないと仮定して計算している
※法人住民税の均等割（49ページ参照）は7万円で計算している
※原則、個人事業の場合、一定の業種（法定業種）で、一定の所得（290万円）を超える事業主は、「個人事業税」が別途課税（一部を除き一律5％）されるので、これを加味して計算している

経費は会社の売上から差し引くことができ、しかも、個人的な経費の支払いがあれば(実際にはなくても)、社長として受け取る**役員報酬**の一定割合を、給与所得控除により追加的に差し引くことができます。

個人事業にするか、それとも会社をつくるかを検討する際に、**税金面で大きな損得の差がつくのが、この給与所得控除の部分**なのです。

では、個人事業主になった場合の税額と、会社の社長になり、同じ額を役員報酬として自分に支払った場合の税額とを比べてみましょう。

事業の売上が1000万円で、経費が400万円かかったケースを、個人事業の場合と会社の場合とで分けて35ページの図に示しました(つまり、個人の年収が600万円となるケース)。また、36ページの図には年収400万~1500万円までで、個人事業の場合と、会社の場合とでの税額の差の例をあげましたので参考にしてください。

◉役員報酬は自由に変えられない

ここで1つ、注意してほしいのは、会社の社長が受け取る役員報酬は、原則的に会計年度の始めに、事前に金額を確定しなくてはならない点です。**会計期間の途中で役員報酬の額を上げ下げすると**、税の世界では利益操作とみなされて、会社の経費として認められません。そのため、一度決めた報酬額は、次の改定時期まで変更しないやり方が原則です。

「会社の利益が予想以上に出てしまうから、途中で役員報酬額を増やそう」という考え方は、今の日本の税制ではうまくいきません。

もし、そんなことは無視して期の途中で役員報酬額を上げて社長個人に支払った場合、そのアップした分は会社の経費として認められません。それにもかかわらず、社長個人がアップした分の役員報酬を受け取ったのは事実なので、個人の所得税や住民税の課税対象になってしまうのです。

02 家族にも給料を払えば会社のほうがトク

会社の場合、役員報酬の設定の仕方によって所得税や住民税の額が大きく変わります。これにより個人事業よりも有利な場合があります。

◉役員報酬の払い方で税額が変わる

さて、問題です。独立して夫婦２人で居酒屋を始めることにしました。個人事業にして、ご主人の所得を６００万円と見込んでいます。そしてこのほかに、奥様に対して月額20万円、年額で２４０万円の専従者給与を支払い、必要経費として計上しようと考えています。

この場合、所得税や住民税はいくらになるでしょうか。

——答えは、こうです。社会保険料控除をはじめ「所得から差し引かれる金額」などを、基礎控除の48万円以外はすべて無視すると、ご主人の所得にかかる所得税は約69万円。住民税は約56万円。さらに個人事業税が約15万円となり、合計１４０万円です。これに、奥様の給料にかかる税金分の約17万円を合わせると、夫婦２人で約１５７万円となります。

では、このケースで会社にした場合は、税額はいくらになるでしょうか。ご主人の**役員報酬**を、所得６００万円を12カ月で割って月額50万円とし、奥様の給料は月額20万円とします。

すると、所得税は、ご主人が給与所得控除を使えるようになるので約35万円となり、住民税は約40万円になります。

また、個人事業税ではなく法人住民税の均等割が７万円（東京都の場合）かかります。

35万円＋40万円＋７万円で合計82万円。奥様の分

夫婦で給料を均等に分けたときの節税効果

【個人事業の場合】

設例1	ご主人の所得：600万円／年 奥様の給料：　240万円／年

	ご主人	奥様	合　計
所得（給料）	600万円	240万円	840万円
所得税＋住民税＋個人事業税	約140万円	約17万円	**約157万円**

−58万円！

【会社の場合――奥様の給料は月額20万円】

設例2	ご主人の給料：600万円／年 奥様の給料：　240万円／年

	ご主人+会社	奥様	合　計
所得（給料）	600万円	240万円	840万円
所得税＋住民税＋法人住民税	約82万円	約17万円	**約99万円**

さらに、−12万円！

【会社の場合――給料の総額を夫婦で折半】

設例3	ご主人の給料：420万円／年 奥様の給料：　420万円／年

	ご主人+会社	奥様	合　計
所得（給料）	420万円	420万円	840万円
所得税＋住民税＋法人住民税	47万円	40万円	**約87万円**

※各種控除なし。基礎控除48万円（住民税は43万円）のみのもっとも高い税金計算をしている
※会社の場合、自分に給料を払うことで会社に利益が残らないと仮定して計算している
※法人住民税の均等割（49ページ参照）は7万円で計算している
※原則、個人事業の場合、一定の業種（法定業種）で、一定の所得（290万円）を超える事業主は、「個人事業税」が別途課税（一部を除き一律5％）されるので、これを加味して計算している

の税金は個人事業の場合と変わらず約17万円なので、税額は全部で99万円になります。

個人事業の場合の税額157万円と比べて、なんと58万円も節税できます。

さらに、ここからが本題です。

会社の場合で、夫婦2人が受け取る給料の合計を、均等に折半したらどうなるでしょうか。前のケースでは、ご主人の給料は月額50万円、奥様は月額20万円で、2人の給料の合計は70万円でした。これを、ご主人と奥様がそれぞれ月額35万円ずつ受け取るようにするのです。

すると、所得税は、夫婦で約15万円ずつの合計30万円。それに、個人の住民税や法人住民税（均等割）を足しても、合計で87万円となり、前のケースよりもさらに12万円の節税効果が得られます。

このように、家族単位で考えれば、役員報酬をどのように設定するかによって、同じ総収入額でも税額が変わってくるのです。

給与所得控除の速算表 ※令和２年分以降

給与等の収入額	給与所得控除の額
～　180万円以下	収入額×40%－10万円 55万円に満たない場合には55万円
180万円超　～　360万円以下	収入額×30%　＋　8万円
360万円超　～　660万円以下	収入額×20%　＋　44万円
660万円超　～　850万円以下	収入額×10%　＋　110万円
850万円超　～	195万円（上限）

所得税の速算表 ※平成27年分以降

課税される所得金額	所得税率	控除額
195万円未満	5%	0円
195万円以上　330万円未満	10%	97,500円
330万以上　695万円未満	20%	427,500円
695万以上　900万円未満	23%	636,000円
900万以上　1,800万円未満	33%	1,536,000円
1,800万以上　4,000万円未満	40%	2,796,000円
4,000万以上	45%	4,796,000円

※個人についてはこのほかに平成25年～令和19年までの各年分の基礎所得税額が復興特別所得税（基礎所得税額の2.1%）として課税される

◉所得税率の活用がポイントに

なぜ、役員報酬の設定の仕方によって税額の合計が変わるのでしょうか。その理由は「給与所得控除」と「所得税率」にあります。所得税は収入の多い人ほど税金が高くなる、累進状の構造になっているので税額が変わるのです。

小さな会社では、家族や親族の助けは資金面、労働力、メンタル面のいずれにおいても不可欠なものです。

そうした家族従事者の労働力を適正に評価し、適正な給料を支払うことで、事業主だけが給料を多くした場合と比べて、節税効果が高くなるのです。「決して見栄えだけで、事業主の所得だけを高くしてはいけない」ということですね。

次ページに、個人事業にした場合と会社にした場合での節税効果の比較例を年収別で取り上げました。このように年収が多い人ほど会社をつくって、家族で給料を分けると、節税効果が高くなります。

「個人事業主、社長１人、夫婦２人」の場合の税金一覧

【400万円】

	個人事業主（所得税＋住民税＋個人事業税）	会社＋会社の社長（所得税＋住民税＋法人住民税）	会社＋会社の社長＋奥様（所得税＋住民税＋法人住民税）	
			ご主人	奥様
所得（給料）	400万円	400万円	300万円	100万円
税金合計	約71万円	約44万円	約26万円	

約27万円お得！

さらに、約18万円お得！

※どのケースでも、原則各種控除なし。基礎控除48万円（住民税は43万円）のみのもっとも高い税金計算をしている
※会社の場合、自分に給料を払うことで会社に利益が残らないと仮定して計算している
※法人住民税の均等割（49ページ参照）は7万円で計算している
※原則、個人事業の場合、一定の業種（法定業種）で、一定の所得（290万円）を超える事業主は、「個人事業税」が別途課税（一部を除き一律5％）されるので、これを加味して計算している

【600万円】

	個人事業主（所得税＋住民税＋個人事業税）	会社＋会社の社長（所得税＋住民税＋法人住民税）	会社＋会社の社長＋奥様（所得税＋住民税＋法人住民税）	
			ご主人	奥様
所得（給料）	600万円	600万円	400万円	200万円
税金合計	約141万円	約82万円	約57万円	

約59万円お得！

さらに、約25万円お得！

【800万円】

	個人事業主（所得税＋住民税＋個人事業税）	会社＋会社の社長（所得税＋住民税＋法人住民税）	会社＋会社の社長＋奥様（所得税＋住民税＋法人住民税）	
			ご主人	奥様
所得（給料）	800万円	800万円	500万円	300万円
税金合計	約212万円	約134万円	約83万円	

約78万円お得！

さらに、約51万円お得！

【1,000万円】

	個人事業主（所得税＋住民税＋個人事業税）	会社＋会社の社長（所得税＋住民税＋法人住民税）	会社＋会社の社長＋奥様（所得税＋住民税＋法人住民税）	
			ご主人	奥様
所得（給料）	1,000万円	1,000万円	600万円	400万円
税金合計	約295万円	約199万円	約118万円	

約96万円お得！

さらに、約81万円お得！

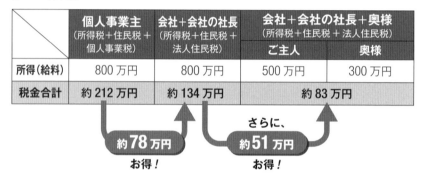

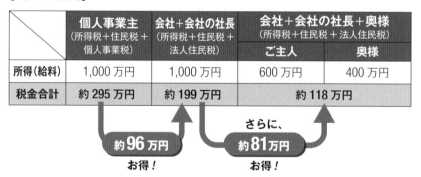

【1,200万円】

	個人事業主（所得税＋住民税＋個人事業税）	会社＋会社の社長（所得税＋住民税＋法人住民税）	会社＋会社の社長＋奥様（所得税＋住民税＋法人住民税）	
			ご主人	奥様
所得（給料）	1,200万円	1,200万円	700万円	500万円
税金合計	約392万円	約273万円	約159万円	

約119万円お得！
さらに、約114万円お得！

【1,500万円】

	個人事業主（所得税＋住民税＋個人事業税）	会社＋会社の社長（所得税＋住民税＋法人住民税）	会社＋会社の社長＋奥様（所得税＋住民税＋法人住民税）	
			ご主人	奥様
所得（給料）	1,500万円	1,500万円	800万円	700万円
税金合計	約538万円	約404万円	約233万円	

約134万円お得！
さらに、約171万円お得！

個人事業主1人で税金を払うよりも
会社にして夫婦で払うほうが安い！

03 配偶者控除、扶養控除がある会社のほうがトク

個人事業では、家族に給料を払うか、払わずに各種控除を受けるかのどちらかを選びます。会社なら家族への給料は経費になります。

◉「配偶者控除」「扶養控除」とは何か？

会社から給料をもらう人の所得税の計算は、初めに収入額から給与所得控除を差し引いて「所得金額」を求めます。そこから社会保険料や生命保険料、配偶者や扶養の人数などに応じて「所得から差し引かれる金額」を差し引いて「**課税所得**」を算出し、これを速算表にあてはめて納める税額を計算します。

「**配偶者控除**」や「**扶養控除**」の対象となるのは、納税者と生計を同じにしていて、収入が150万円以下の配偶者や、収入が103万円以下の扶養家族がいる人です。会社から役員報酬を受け取る社長も、サラリーマンと同じ給与所得者なので、これらの控除が受けられます。

会社にしておけば、奥さんに支払う給料は全額、経費となります。さらに、その金額が150万円以下なら、38万円の配偶者控除も受けられるわけです。また収入が150万円以上、201万円未満の配偶者がいる場合は「**配偶者特別控除**」が受けられます。

ところが、個人事業で開業すると、仕事を手伝う配偶者や扶養者に、年に一度でも給料を支払うと、その人の所得の額に関係なく、配偶者控除、配偶者特別控除、扶養控除の対象になりません。つまり**個人事業では、奥さんなどの家族従業員に給料を払うか、控除を受けるかの、二者択一**を迫られます。これは個人事業を選ぶ際のデメリットの1つといえます。所得税の最低税率は5％、住民税は10％ですか

ら、控除を受けられるかどうかで所得税・住民税合わせて年間約5万円も税負担額が違ってきます。

◉家族に給料を払うときの注意点

なお、個人事業にして家族に給料を支払う場合は、届出に注意してください。青色申告者（86ページ参照）が事業の専従者に給料を支払うときは、税務署に「**青色事業専従者給与に関する届出書**」を速やかに提出する必要があります。この届出をしないと、家族への給料を経費として認めてくれません。また、届出書に記載した金額を上回る額の給料を払った場合、その分は必要経費になりません。

さらに、**白色申告者**（86ページ参照）が事業の専従者に給料を支払うときはもっと制約があり、配偶者なら最大86万円、それ以外の専従者は1人につき50万円の経費控除しか認められません。

一方、会社をつくって家族に給料を支払う場合も注意点があります。それは、給料の額を安易に上げ下げすると、税務署から「税金逃れのための利益操作ではないか」と勘ぐられることです。理由のない変更は決算まで認められないと考えてください。

個人事業と会社とでの配偶者控除と扶養控除

	個人	会社	備考
配偶者控除	×	○	収入が150万円以下
配偶者特別控除	×	○	収入が150万円を超え 201万円未満の場合
扶養控除	×	○	収入が103万円以下
給料の変更	△	○	個人は書類の提出が 必要
社会保険の 扶養扱い	△	×	収入が130万円以上の場合、 扶養扱いできなくなる
家族本人の 所得税	○	○	収入が103万円以下は非課税
家族本人の 雇用保険	×	×	本人も家族も 加入できない

04 消費税の免税は個人事業から始めたほうがトク

消費税を納めなくていい免除規定が変更されました。できるだけ長く免税業者でいるには個人事業から始めたほうがトクです。

◉事業者にとって「消費税」とは何か？

消費税とは、一定の消費に対して所定の税金を徴収するものですが、実際の納税は事業者だけが行う仕組みとなっています。

すなわち、個人事業でも会社でも、商品や製品、サービスの販売にともなって、お客様から消費税を預かり、自分（自社）が支払った消費税との差額を納めることになっています。

◉独立後、2事業年度分は免税事業者に

原則的には、すべての事業者に消費税の納税義務が課せられます。

ただし、当該する課税期間の「**基準期間**」（個人事業はその年の前々年、会社はその事業年度の前々年度）の**課税売上高が1000万円以下**だった場合は、その課税期間の**納税義務は免除**されます。もし、お客様から預かった消費税があったとしても、納税しなくてもいいのです。いわゆる「益税」です。

そして、個人事業も会社も、設立・開業した初めの2年間は「**免税点**」が設けられています（ただし設立時に資本金1000万円以上の会社を除く）。

なぜなら、設立・開業した第1期（1年め）と第2期（2年め）については、個人事業でいう「前々年」、会社でいう「前々年度」にあたる期間が存在しないからです。

◉創業2年めは納税が必要なケースも

ただし、消費税の免税期間については注意しなくてはならない点があります。

それは、前年の上半期（特定期間）の売上高または給与の支払額が1000万円を超えた場合には、原則的に消費税の免除規定は適用されないという点です。

つまり、個人事業も会社も、1年めの納税は免除されるけれど、2年めには消費税を納めなくてはならないケースがあるのです。この点は十分に注意してください。

◉最高4年間、免税事業者でいる方法

さて、この消費税を納めることだけを考えると、じつは**個人事業からスタートしたほうがメリットの大きいケースがある**のです。

どういうことかというと、免税点は個人事業にも会社にも、それぞれ最低で2年間あるわけですから、個人事業でスタートしておいて、その後は売上高や給与額に注意しながら、課税事業者になる直前に、資本金1000万円未満の会社をつくれば、さらに2年間、納税免除の特典が得られる場合があるのです。つまり、このやり方なら最高で4年間、免税事業者でいられることになります。

**利益が上がっても
消費税の納付は最大4年間免除できる**

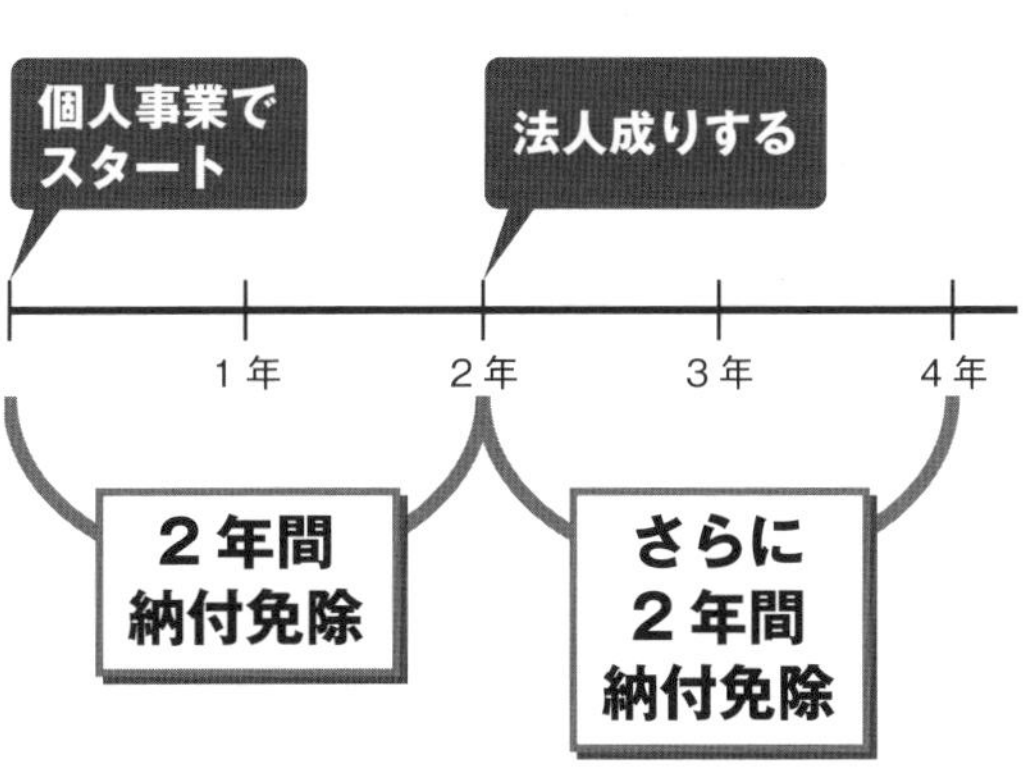

※1年めと3年めの上半期の売上高に注意してください。

〈税金〉の
メリット・デメリット
2 05

インボイス制度に免税事業者はどう対応したらいいか

消費税の仕入れ税額控除の方式としてインボイス制度が開始。会社も個人事業も、課税事業者も免税事業者も大きな影響があります。

◉インボイス導入後の免税事業者の立場

前項で解説した通り、消費税は、個人事業を開業したり、新しく会社を設立したときに、原則2年間（この2つを組み合わせれば合計4年間）、納税義務が免除されます。つまり免税事業者でいられます。

では、このルールは、インボイス制度（適格請求書等保存方式）が導入されて、変わるのでしょうか。

答えは「ノー」です。

インボイス制度が始まっても、消費税の免税事業者の考え方は変わりません。

また、免税事業者であっても、消費者から消費税をとってはいけないという規制は、いまのところ見当たりません。

◉インボイス制度で困る人は誰か

では、インボイス制度が始まって、一番困るのは誰でしょうか。

それは、あなたの事業が提供する**商品やサービスの買い手、取引先**です。

売り手は、買い手にインボイス（適格請求書）を発行しますが、買い手側が消費税の課税事業者なら、そのインボイスが証明となり消費税を納税する際に差し引くこと（仕入れ税額控除）ができます。そのため買い手は、**インボイスを発行する売り手と取引したほうが、納める消費税額が少なくて済みます。**

ですから、あなたが免税事業者で、インボイスを発行できない場合、取引先は「それなら10％割り引いてほしい」とか「経理処理が複雑になるから課税事業者になってほしい」といってくるかもしれません。いずれにせよ、免税事業者が消費税をとってもいまのところ違法ではありませんが、取引先とトラブルが発生する可能性は高いと考えられます。

◉免税事業者でもインボイスは発行可能か

免税事業者がインボイスを発行するには、「適格請求書発行事業者」の登録申請が必要です。

本来、免税事業者である者は、課税事業者となることをあえて選択し、「適格請求書発行事業者」の登録申請を行えば、インボイスが発行できるようになります。令和5年10月1日から令和11年9月30日までは、**適格請求書発行事業者の登録申請をすることで、課税事業者を選択したことになり、インボイスを容易に発行できる**ようになります。

また、インボイスの登録をしなければ本来は免税事業者なのに、あえて適格請求書発行事業者になることを選んだ場合は、**預かった消費税の2割を納めればよい**とする「2割特例」という制度があります。これは、令和5年10月1日から令和8年9月30日までの属する期間において、この適用を受けることができます。

2割特例の制度は、消費税の簡易課税制度を選択していても、2割特例のほうが納税額が少なく、有利であるなら、そちらを選ぶことができます。

インボイス制度のしくみ

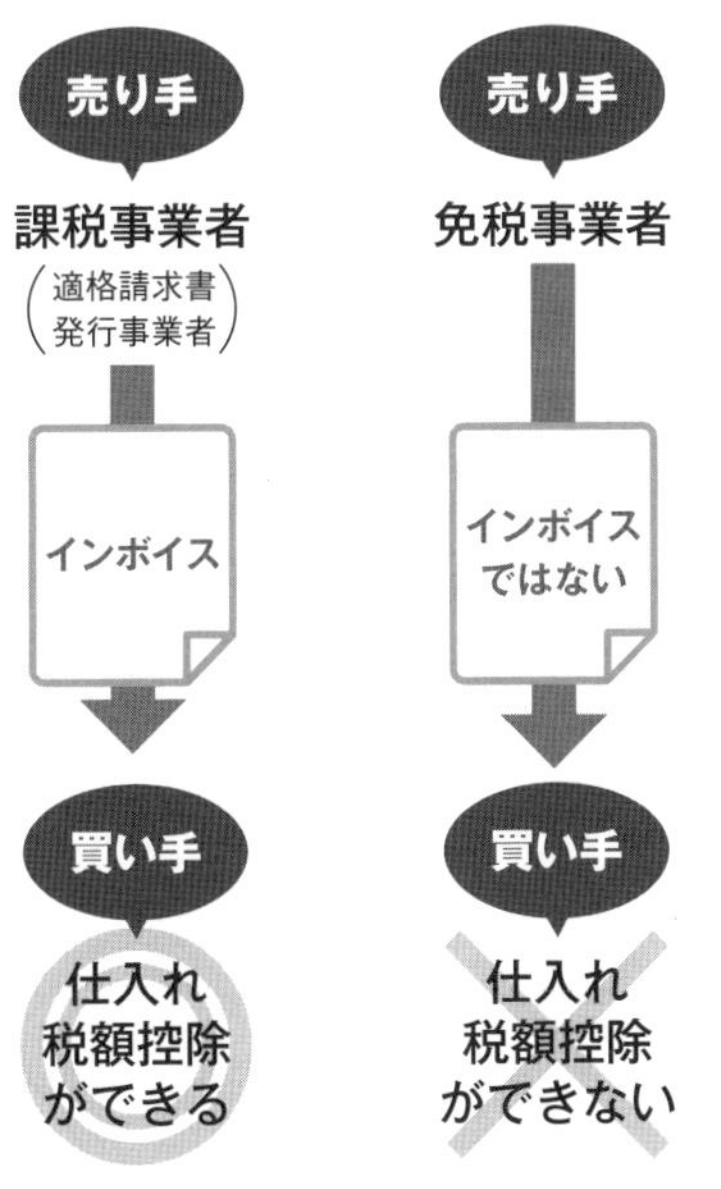

〈税金〉の
メリット・デメリット

2 06

赤字になっても会社は法人住民税を払う

個人事業には個人事業税が課される場合があります。また会社は、赤字のときでも「均等割」という法人住民税を支払います。

◉課税される所得が違う

ここで個人事業の場合と、会社の場合とでは、課税される「所得」がどう違うのかを整理しておきましょう。

まず、個人事業主の場合は、事業で得た売上から経費を差し引いた残額、つまり「事業所得」に対して課税されます。

かかる税金の種類は、事業主個人への「**所得税**」と「**住民税**」。さらに一定の所得に「**個人事業税**」が課せられます。

個人事業税は、事業所得の3～5％を、都道府県に納めなくてはなりません（物品販売業など法律で定められた事業を対象とし、税率は事業によって異なる）。

納付期限は、毎年8月と11月で、3月の確定申告を済ませた後に、まさに「忘れたころにやってくる税金」です。

ただし、事業所得が290万円以下であれば課税されません。

一方で会社をつくった場合、まず社長個人の所得である役員報酬に対して「**所得税**」と「**住民税**」が課せられます。

そして、これとは別に、会社に残った所得（利益）に対しても「**法人税**」がかかり、加えて法人税をもとに「**法人都道府県民税**」「**法人市区町村民税**」「**法人事業税**」「**地方法人特別税**」がかかります。

◉会社が赤字でも納税する「均等割」

さて、個人事業とは異なり、会社をつくった場合に限って、固定費として毎年かかるものがあります。

それは法人住民税のうちで利益に関係なく、赤字決算でも課税される「**均等割**」という税金です。

これはカンタンにいえば「会社がこの場所にあるのだから、うち（地方公共団体）に家賃的なものを払ってよ」という、会社が存在するだけで課せられる税金です。

この税額は、市区町村ごとに資本金の額や従業員数などによって変わりますが、どんなに赤字でも**最低でも7万円は毎年課税**されます。

個人事業と比べたときに、会社をつくるデメリットの代表格にあげられる制度です。

個人事業と会社とで課税される「所得」の違い

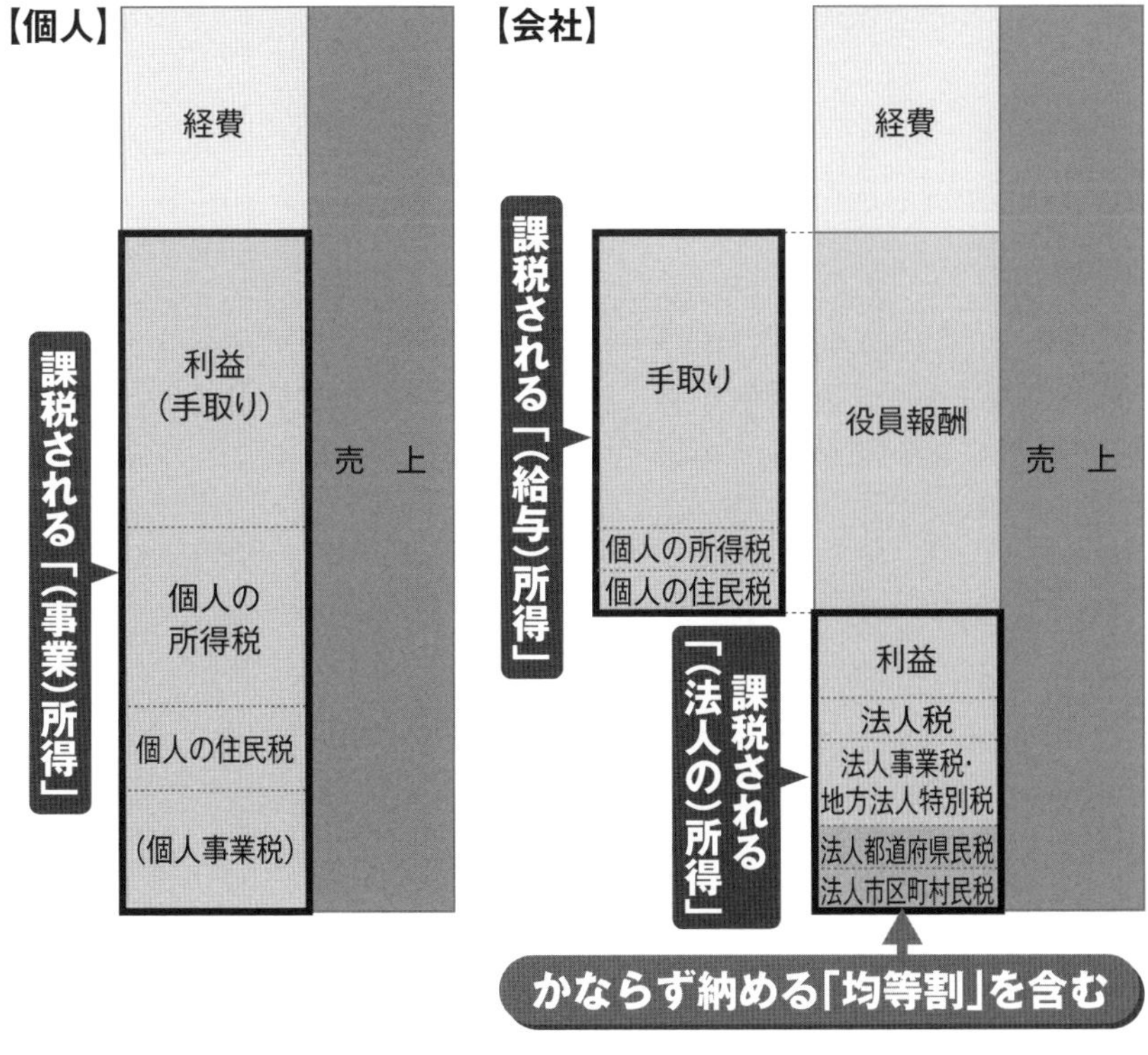

〈税金〉のメリット・デメリット

2 07

赤字の繰越控除は会社のほうが有利

赤字分を翌年度以降に繰り越せる制度があります。期間は個人事業は3年間、会社ならもっと繰り越せます。

◉個人事業は3年間、会社ならもっと赤字を繰り越せる

個人事業の場合は、1月1日から12月31日が「会計期間」です。

一方、会社の場合は**決算期**を自由に決められ、会計期間は**決算日前から1年間**となっています。この会計期間中に生じた黒字や赤字の金額を計算し、それにあわせて税金が課されます。

商売は「生き物」ですから、個人事業だろうが会社だろうが、赤字になるときもあれば、黒字が出るときもあります。

例えば、前年は赤字だったのがその年は黒字となり、また翌年には赤字というケースもあります。ある年が黒字だからといってその年の課税額を多くされたのでは、それ以前の赤字分の補填に何年かかるかわかりません。

そこで「青色申告をしている事業者が赤字となった場合、その赤字分を翌年度以降に持ち越して、黒字だった決算期に相殺してあげます」という制度があります。それが「**青色欠損金の繰越控除**」です。

個人事業の場合、**繰越損失**は**3年間**持ち越せます。また会社の場合は、繰越控除ができる期間が**9年間**に延びます。(平成29年4月1日以降に開始する事業年度に生じた欠損金については**10年間**)

この繰越期間の違いにより、会社をつくったほうが、資本を投下してから売上(利益)として資金を

回収するまでのサイクルを、より長期的な視野で見ることができます。なお、この繰越しは国税と地方税の両方に適用されます。

◉欠損金の繰戻し還付は会社だけ

過去の赤字を繰り越して翌年以降の黒字と相殺する制度を説明しました。実はその逆として、前年の黒字を当年の赤字と相殺できる方法があります。

これを「**青色欠損金の繰戻しによる還付**」制度といいます。

この制度は会社のみ適用されます。個人事業には適用されません。

ただし、この制度は今後、国の財政上の理由で廃止されるかもしれないので、注意が必要です。

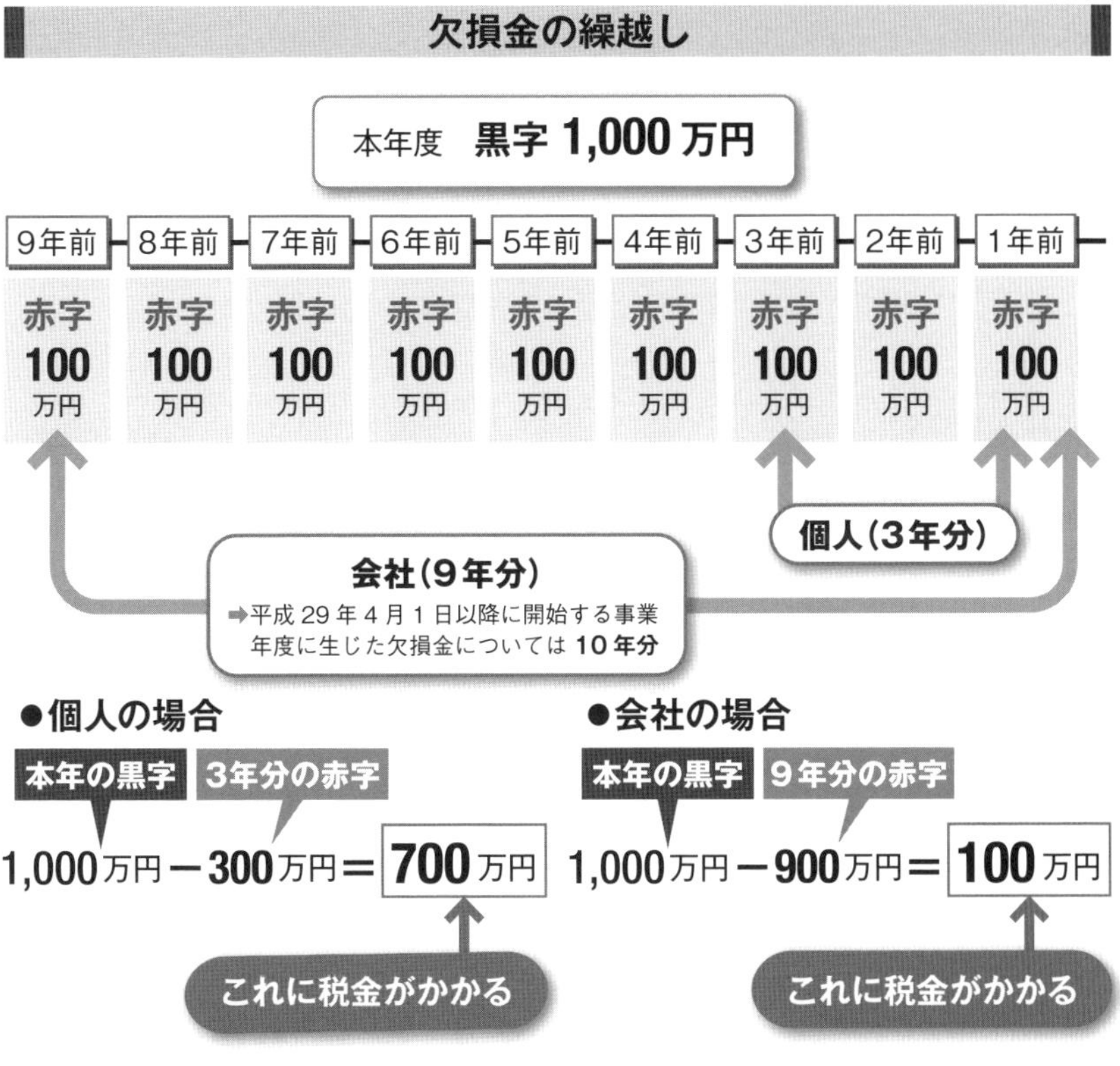

※青色申告とは複式簿記などで記帳をし、それに基づいて正しい申告をした場合に、所得金額の計算について、控除を受けられるなど有利な取扱いを受けられる制度です。

〈税金〉のメリット・デメリット 2

08 不動産を売買するなら会社のほうがトク

会社の場合、不動産の売却益は本業の分と合わせて法人税が計算されます。本業が赤字ならこの売却益は不課税になる場合もあります。

◉不動産を売るときは会社が有利

事業用の土地や建物を売買する際に、個人事業と会社とでは損得に違いはあるのでしょうか。

まず、勘違いされることが多いのですが、土地を購入する場合、個人が取得しても会社が取得しても、かかったお金は経費扱いにはなりません。会計上は、固定資産として貸借対照表に計上され、売却するときにはじめて、購入金額と売却金額との差額（売却損益）が課税の対象となります。また建物も、購入した年度に全額を経費とすることはできません。減価償却によって長年かけて費用化していきます。

さて、個人と会社で違いが生じるのは、土地や建物を売却したときにかかる税金です。

個人事業主の場合、毎年の確定申告では商売での稼ぎを「事業所得」として申告します。そしてこれとは別に、土地や建物を売却した際には、それによって得られた利益は「**譲渡所得**」として申告し、「**分離課税**」での計算が求められます。

どういうことかというと、個人で不動産を売って出た黒字分は「事業所得」とは分離して課税されるので、本業が赤字だろうが黒字だろうが関係なく、この黒字部分に20％（購入後5年以内の売却なら39％）の税金が課税されてしまうのです。

一方、会社の場合は「分離課税」という概念はありません。不動産の売却益は本業の分と合わせて法人税を計算します。そのため、本業が赤字のときに売却すれば税金がかからなくなることもあります。

◉マイホームを購入するなら個人で

ところで、マイホームを購入する場合に、個人で取得するのと会社で取得するのとでは、どちらが有利なのでしょうか。結論をいうと、購入資金を銀行などから借り入れて購入する場合には、マイホームは個人で取得したほうが有利です。なぜなら、個人向けの住宅ローンほど金利が安くて、長期間借りることができる事業性のローンはないからです。

もちろん、社宅として会社で購入することも可能ですが、会社で設備資金の借入れをして購入する場合、最長でも15～20年程度の借入期間しか選べません。そうすると、毎月の元本返済額も大きくなり、資金繰りが悪化する原因にもなります。

それに住宅ローンを組めば、個人事業主でも会社の社長でも「**住宅取得控除**」が受けられて、所得税が軽減されます。

不動産の売買はどちらがトクか

【事業用の土地や建物の場合】

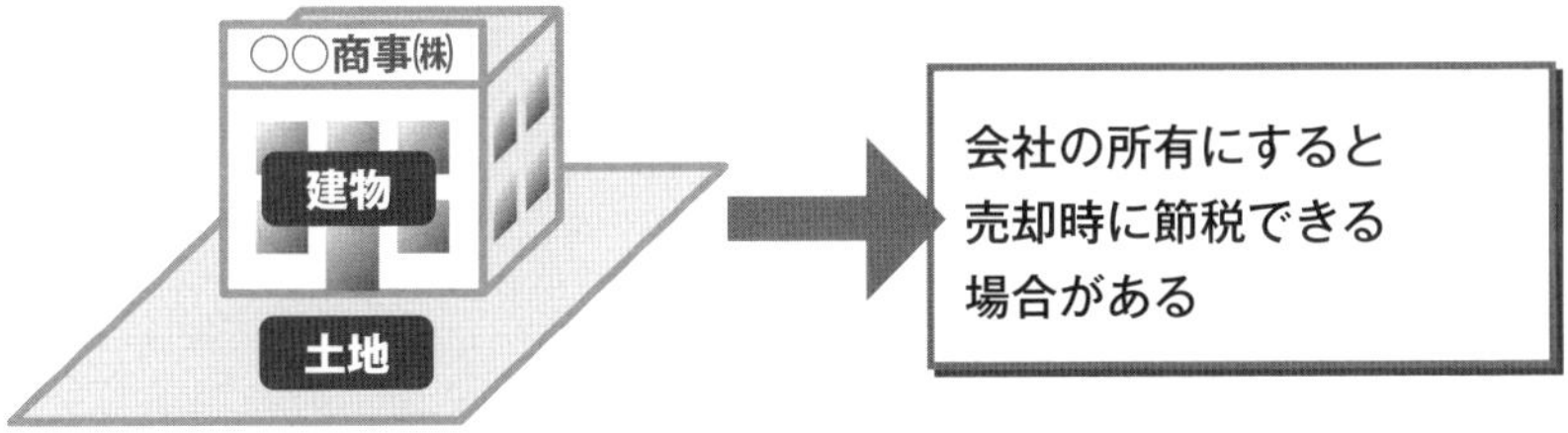
○○商事(株)
建物
土地
会社の所有にすると
売却時に節税できる
場合がある

【マイホームの場合】

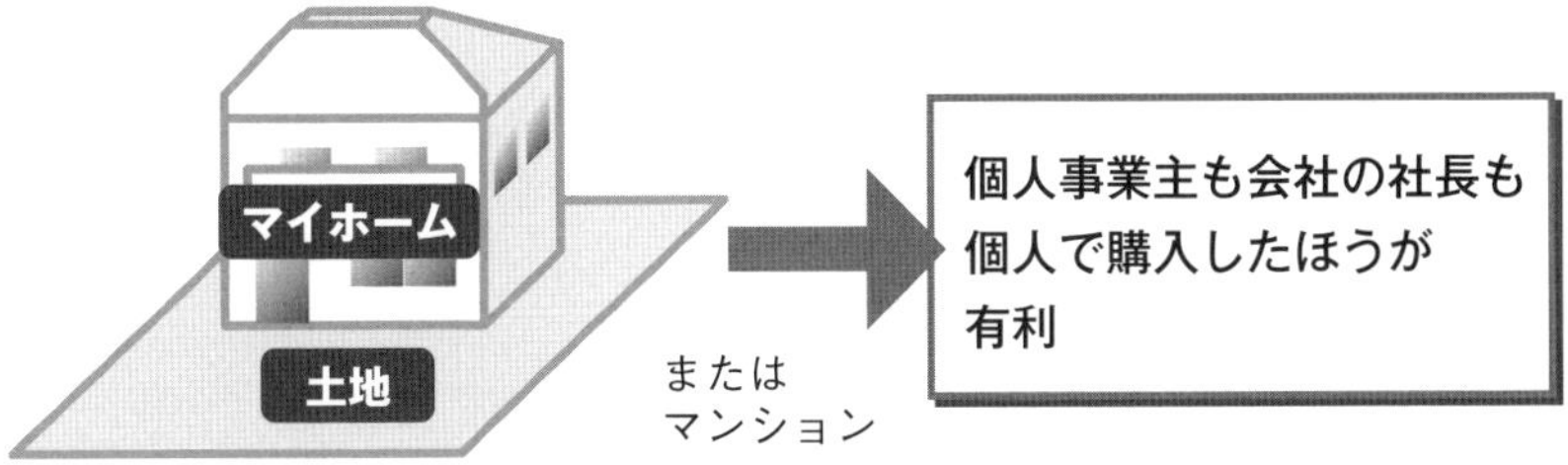
マイホーム
土地
または
マンション
個人事業主も会社の社長も
個人で購入したほうが
有利

〈税金〉の
メリット・デメリット

2 09

開業1年めの確定申告は個人事業のほうがラク

会社にした場合、自分に給料を払えば会社で年末調整するので確定申告は必要ありません。ただし、会社で行う会計作業が面倒です。

なお、会社を辞めた当初は起業するつもりはなく、次の職場を探すあいだ、ハローワークで失業保険を受給していた人は、失業保険に関しては申告の必要はありません。

◉会社にした場合

一方、会社をつくって開業した場合は、1度でも自分に給料を支払ったら、初年度は**自分の会社で年末調整をする**ことによって確定申告をしなくても済みます。

ただし、年末調整や決算などの作業は経理のシロウトにはむずかしいので、たいていは税理士などに業務を依頼することになります。

◉個人事業にした場合

今、勤めている会社を12月に辞めない限り、独立して開業1年めの申告は**必ず確定申告を行わなくてはなりません**。

個人の所得税は毎年1月1日から12月31日までの暦年で課税されます。サラリーマンのあなたが今まで確定申告をせずに済んでいたのは、会社で毎年末に行う**年末調整**により、年間の税額を決めてくれたからでした。

開業した初年度の確定申告は、勤務先から受けた給料の「給与所得」と、開業後の商売で得た「事業所得」の両方を合算して確定申告することになります。

◉会社を辞めるときにもらうもの

　さて、会社を辞めることになったら、**源泉徴収票と退職証明書、離職票**は必ず手に入れましょう。

　源泉徴収票は、個人で行う確定申告や自分の会社で行う年末調整で必要になります。また退職証明書は、今、企業の健保組合や社会保険に加入しているならば、退職後は国民健康保険や、自分の会社の社会保険に加入することになるので、そのときに必要になります。

　離職票はハローワークで失業保険をもらうために必要な書類ですが、じつはこの本を読んでいるあなたは、本来、この失業保険は受給できないはずなのです。なぜなら、失業保険は次の転職先を見つけるまでの生活資金を援助するものであって、個人事業として開業準備をしている人や、会社を設立する手続きをしている人は「失業の状態」とみなされません。もし失業保険を受け取ると不正受給になってしまうからです。

開業１年めの申告の仕方

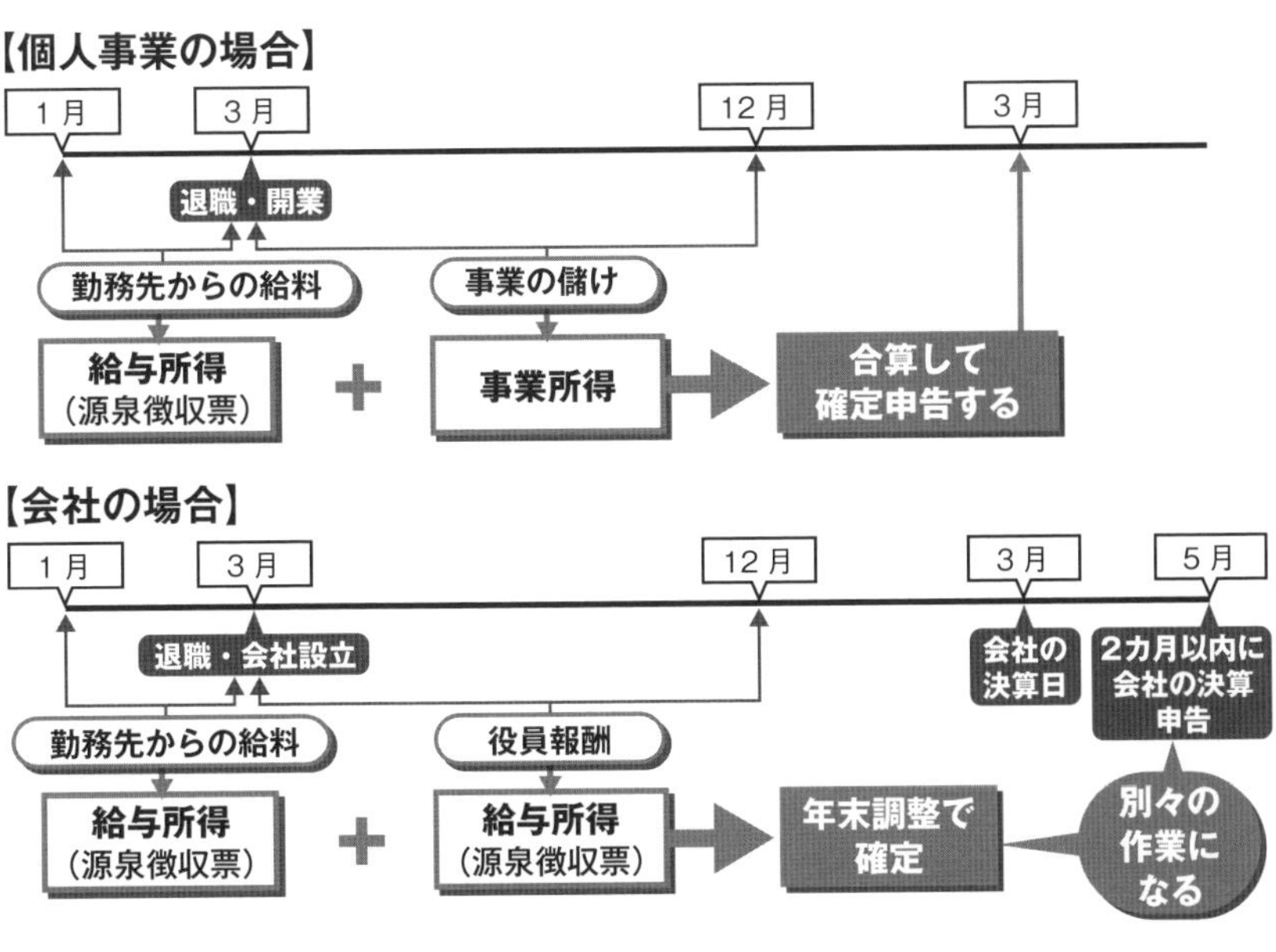

コラム #1

税金は借金してでも払うべき!?

サラリーマンやＯＬなら、税金や各種保険料の手続き・支払いは、すべて会社が「源泉徴収」でやってくれたのでラクでした。源泉徴収とは、カンタンにいえば給料からの「天引き」です。天引きしろ、と会社に命令しているのは国や自治体です。

これが、会社を辞めて独立した後は、自分の税金や保険料は自分自身の手で支払いをしていかなくてはなりません。これは意外と手間のかかる作業です。おまけに、従業員を雇えば、彼らの分についても同じ作業が必要になります。また、会社は会社で、法人税のほかにも公的な支払いが次々と発生します。面倒くさいと思って、ついほうっておけば、これらの支払いはどんどん納付期限を迎えてしまいます。

もしも、納付期限を破ったら……ルールを守れなかった人にはペナルティが待っています。しかも、思いのほか重い罰金です！

これは「延滞税（延滞金）」といって、納付が遅れれば、支払う額に利息分を乗せられるのです。

各種税金の延滞税は、納付期限から２カ月以内が約3%。これを超えると、なんと約9%もの高金利を支払わなくてはなりません。

社会保険料の延滞金も、３カ月以内ならそれほどではありませんが、これを超えると、やはり約9%の金利負担が生じます。

あなたは、破産した会社などが最終的に支払うことのできなかった「債務の一覧」を見たことがありますか？　金融機関からの借り入れとともに、税金と社会保険料の滞納が群を抜いて多額になっているケースがたくさんあるのです！

「もしかしたら、交渉次第では延滞税を免除してくれるかも」と思っている、あなた！　残念ながらその可能性はほとんどありません。

税金や保険料はふだんから期日までにしっかりと払うようにして、もしも手元にお金が足りないときは、金融機関などから借入をしてでも払ってしまったほうが、よっぽど安上がりなのです。

第3章 〈経費〉のメリット・デメリット

開業・設立にかかる費用は？
個人事業 のほうが安い▶P.60 参照

クルマを経費化するなら？
会社 のほうがトク▶P.70 参照

プライベートな支出の処理は？
個人事業 のほうがラク▶P.62 参照

高価な購入物を減価償却するなら？
会社 のほうがトク▶P.72 参照

接待交際費を使いたいなら？
会社 のほうがトク▶P.64 参照

生命保険料を払うなら？
会社 のほうがトク▶P.74 参照

住居を経費化するなら？
会社 のほうがトク▶P.66 参照

退職金を経費化するなら？
会社 だけができる▶P.76 参照

経費の枠を増やしたいなら？
会社 のほうがトク▶P.68 参照

経営セーフティ共済を利用するなら？
個人事業 も 会社 もトク▶P.80 参照

01 開業・設立費は個人事業のほうが安い

会社を設立するにはお金がかかります。定款の認証や登記の際に必要なお金のほか、会社の印鑑の作成費など意外と出費がかさみます。

◉会社は最低でも約25万円は必要

個人事業にする場合と、会社を設立する場合とでの経費面での違いとしてまずあげられるのは、会社の設立に要するコストです。

株式会社の**資本金**の額は1円からでOKですが、会社の設立にはそれなりの費用がかかります。

どんなことに費用がかかるかというと、例えば**会社のハンコ（代表印、代表者印）**を用意しなくてはなりません。最近ではインターネット上でハンコを安くつくってくれる業者も多くなりましたが、町のハンコ屋だと8000円くらいからが相場です。

そして、会社の「**定款**」と呼ばれる、社名や住所、事業目的などを規定した約款を作成する必要があります。この定款は「公証人役場」というところで「**認証」を受けなくてはなりません**。その際に約3万〜9万円かかります。

次に「法務局」に登記しますが、この申請書には「**登録免許税」と呼ばれる印紙を貼らなくてはなりません**。株式会社の設立を登記するには、最低でも15万円の印紙が必要になります。

以上の費用を合計すると、最低でも20万〜25万円程度かかります。

なお、法律にあわせて定款をつくったり、申請したりするのは、なかなか大変な作業です。そのときに心強い専門家といえば、司法書士や行政書士。一般的な相場で5万円以上の報酬が必要です。これもあわせると30万円前後はかかる計算になります。

◉資本金はいくらにすべきか？

会社の**資本金**は1円でも成立します。でも、世の中は「資本金＝会社の信用」ととらえる考え方がまだまだ根強くありますから、**資本金額が低すぎるのは注意が必要**です。

ところで、がんばって用意した資本金も、個人から出資した時点で、会社の財産になってしまいます。このお金は、会社から直接返してもらうことはできません。資本金は今後の商売の糧となり、礎になって利益を生み出す出発点ですから、その使用は会社のみが許される行為なのです。

一般的な株式会社の設立費用

代表印作成
8,000円くらい

↓

出資金
1円～

↓

定款認証　3万～9万円くらい
※認証手数料は資本金額により3万～5万円
※収入印紙代は4万円。ただし電子定款の場合はかからない

↓ ※電子定款の場合は5万円

登記
15万円～

↓

最低でも総額
20万円程度はかかる！

↓

さらに専門家に依頼すると…
上記以外に5万円～

〈経費〉の
メリット・デメリット

3 02

プライベートな支出の処理は個人事業のほうがラク

会社の通帳からお金を引き出して、社長がプライベートな買い物に使うのはルール違反です。その点、個人事業のほうが融通が利きます。

◉会社は公私の線引きが厳しい

前のページで「会社の場合、個人が出資した資本金は会社の財産となる」といいました。いったん会社に入ったお金は、たとえ社長であろうと勝手に使うことはできません。事業に必要なお金と、社長がプライベートで使うお金とは、厳密に分ける必要があります。

例えば、事業には関係なく、社長がプライベートでダイヤの指輪を購入したとします。個人事業の帳簿であれば、この支出はプライベートな支出であると意思表示さえすれば、経費としては認められないものの、銀行などの口座から自由にお金を引き出せます。

ところが、会社の場合はそうはいきません。社長のプライベートな支出はあくまでも「会社からもらう**『役員報酬』**（給料）の中から支払う」のがルールだからです。

もしも勝手に会社のお金を使って支払ったら、それは経費として認められないどころか、社長に対する**「貸付金」**と認定されてしまいます。そして、その貸付金は、いずれ利息分もあわせて会社に返済しなくてはなりません。それが法人税法で定められたルールです。

「自分の会社なのだから、自分が使ったお金は会社に戻さなくてもいいだろう」と思ったら、アウトです。経費と認められない社長のプライベートな支出を会社のお金を使って行った場合は、すべて**「役員賞与」という社長へのボーナス**と認定され、所得税や住民税が課税されます。

さらに、金融機関から借入がある場合、社長への「貸付金」は悪い印象を与えてしまいます。なぜなら「信用して資金繰りのために貸したお金が、社長のプライベートに使われている」と思われるからです。こうなっては、次回の借入ができなくなることもあります。

◉個人事業は「自己否認」が認められる

一方、個人事業では**「自己否認」**という会計上の処理の仕方があります。

例えば、携帯電話をプライベートでも仕事でも使っている場合、とりあえず帳簿には支払った使用料を全額載せておき、このうち半分はプライベートで使ったものとして、**決算のときに自己否認して、半額だけ経費に計上する**というやり方です。

会社だと、こうした処理はできません。プライベートで使ったお金はあらかじめ経費扱いせず、つねに健全な会計処理が求められます。

プライベートと仕事の線引きが苦手な人ほど、会社をつくったあとで帳簿の中身がぐちゃぐちゃになりがちです。

そういう人が会社をつくるときは、公私の区別をきちんとつけることを心がけましょう。

会社用の銀行口座と
自分用の銀行口座を分けよう！

03 接待交際費は会社のほうがトク

会社が経費にできる接待交際費の上限は800万円まで。個人事業主は原則、無制限ですが、思わぬ落とし穴もあります。

◉接待交際費を経費にできる金額

事業を始めると、取引先や関係者、あるいは同業者の方などと、いっしょに飲食をする機会や、事業を円滑に進める目的で、中元、歳暮などの贈答品を渡す機会も増えてきます。こうした仕事の関係者を接待する目的の飲食代や、金品の贈り物代を、「**接待交際費**（法人税法上の「交際費等」）」といいます。

接待交際費は、**原則として、損金（法人税を計算する基準となる費用、損失）にはなりません**。つまり、**経費**とは認められないことになっています。

ただし、これには例外があります。

その支出が**必要経費**と認められる場合で、**資本金1億円以下の会社は、年間800万円まで**（または接待飲食費の50％まで）**を損金算入できます。**

また**個人事業主は、必要経費と認められれば、全額を損金算入できる**ことになっています。

◉家事費か、接待交際費か

では、接待交際費は、損金算入できる上限額のない（使える経費の額に制限のない）個人事業主のほうが有利かというと、まったくそうではありません。

個人事業主に多く見られる経費の1つに、「**家事費**」というのがあります。これは、自分や家族のための生活費や、個人的な支出のことで、所得税法上、これを必要経費とすることはできません。

ところが、事業を進めると、家事費なのか、それとも必要経費なのか、迷ってしまう支出が発生します。これを「**家事関連費**」というのですが、個人事業主の場合、接待、交際の場面であっても、これを経費にするのは、実は至難のワザなのです。

なぜなら、例えば関係者との飲食では、当然、個人事業主も食事をします。ところが、**税務調査**では、「それって飲食する必要はありましたか」とか「接待といいながら、ただ晩御飯を食べているだけですよね。それは家事費じゃないですか」などと、積極的に指摘されるからです。

一方で、会社は、会社の指揮命令に従い、接待を供用するという建前があります。そのため、金額的には制限されますが、その範囲内であれば接待交際費として認められるケースが多いのです。

ですから、日頃からランチミーティングや夜の会食が多い方は、迷わず会社をつくることを検討すべきでしょう。

接待交際費は会社と個人事業では扱いが異なる

接待交際費とは

取引先や関係者などに対する、接待・交際のための飲食や、贈答品などにかかる支出

主な接待交際費は

- 取引先・関係者などとの飲食費、交通費
- 取引先・関係者などに贈る中元、歳暮などの品代
- 取引先・関係者などの冠婚葬祭、イベントなどで渡す祝儀や香典代

原則

接待交際費は、損金*にはならない！
（つまり、経費と認められない）

* 法人税を計算する基準となる費用、損失

例外として

必要経費と認められた場合で…

法人（資本金１億円以下）
➡**年間 800 万円まで損金算入ＯＫ**

個人事業
➡**全額、損金算入ＯＫ**

〈経費〉の
メリット・デメリット

3 04

住居の経費化は会社のほうがトク

自宅兼事務所の場合、会社なら自宅の一部分を経費扱いにして、さらに会社で住居を借り上げて「社宅」にすれば節税できます。

◉個人事業が住居を経費にする場合

個人事業では、事業に必要な支出を**経費**として収入から差し引けます。もちろん、自宅兼事務所として利用しているときの家賃なども、事務所としての**業務にかかる部分のみを計算（按分）して経費として申告できます。**

しかし、自宅としてプライベートな領域の家賃は家事費ですから、いっさい認められません。

家賃の経費を計算するのに面積で分けようと思って、事務所に該当する場所を考えてみたら、パソコン周辺と書類置き場だけだった、というのはよくある話です。

加えて、生計を一緒にしている家族、例えば両親が所有する土地を借りているからといって、親に地代を支払っても、個人事業の場合はこれを経費として認められません。なぜなら、**所得税法**では、生計をともにして一緒に暮らしている家族へ計画的に所得を分散することで、**所得税**を安く済ませようという考え方を規制したいからです。

◉会社が住居を経費にする場合

一方、会社の場合は、自宅兼事務所の自宅部分の一部を経費扱いにすることができます。

会社が住居を借り上げて、それを「**社宅**」として取り扱うことによって、**家賃の住居部分のおおむね50％を経費とすることができる**のです。

ここは大事なポイントです。会社をつくって、社長が自宅の一部を事務所や作業場として使用しても、実際には仕事で使うスペースは全体の半分にも満たないでしょう。

そこで、仕事で使う以外のスペースは社宅とし、その分の家賃相当の半額を経費扱いにするのです。そうすれば節税効果が得られます。

ただし、世間相場に比べて、条件（広さや間取り、室内の豪華さなど）が非常にいい物件に関しては、社長が会社から「経済的利益」を受けたと判断されてしまいます。つまり、現物の給料として認定されるので注意が必要です。

個人事業と会社とでの家賃の認定の違い

（全体120㎡、家賃18万円）

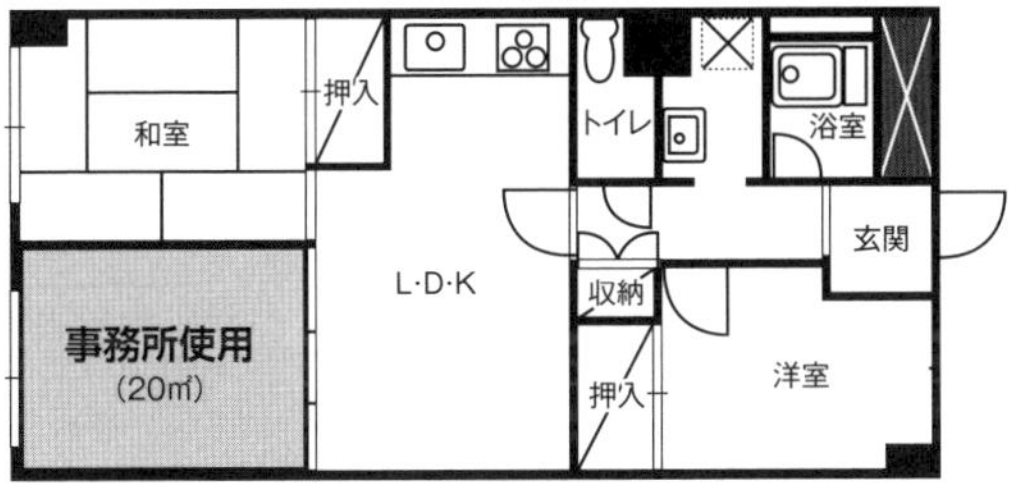

【個人事業】

事務所として

$18\text{万円} \times \frac{20\text{㎡}}{120\text{㎡}} = $ **3万円**

【会社】

事務所として

① $18\text{万円} \times \frac{20\text{㎡}}{120\text{㎡}} = $ **3万円**

社宅として

② （18万円－3万円）× 50％ ＝ **7.5万円**

①＋② ＝ **10.5万円**

この差は歴然！

年計算にしたら、7.5万円 × 12カ月 ＝ **90万円** も**お得！**

〈経費〉の
メリット・デメリット
3
05 「社内規程」で経費を増やせる会社のほうがトク

会社の税務は形式を整えなくてはなりません。社内規程を設けることで出張の旅費や慶弔の出費などを経費扱いすることができます。

◉「社内規程」をつくろう

個人事業では認められず、会社をつくると経費として認められるものがあります。前のページで紹介した社宅もその1つですが、それ以外にも認められるものがあります。

その際に必要なのが、しっかりとした**「社内規程」**です。

作成するのが面倒だ、と思わずに、きちんと用意しておきましょう。

◉税務は形式にうるさい

わが国の税金を集める方式は「申告納税制度」といい、自分で手をあげて、自主責任で税金を納めるやり方です。

この方式である以上、どうしても**形式が重要視されます**。

例えば、領収証がない場合は、支払いがあったことを立証するのはカンタンではありません。また、決算の時点ではまだ支払っていない費用を、未払金という形で計上する場合も、請求書がなければその説明はむずかしいものです。

同じように、業務に必要な費用は、社内規程に基づいた支出なのか、そうでないのかによって、その支出の信ぴょう性が疑われる可能性があります。疑われないようにするためには、形式が必要となるのです。

◉「旅費規程」で出張手当を経費にする

国内外を問わず、業務に出張はつきものです。例えば、商品の買付けのために新幹線を利用して滞在先のホテルに泊まり、戻ってきたとします。このケースでは**往復の交通費も宿泊代も経費にすることができます**。これは個人でも法人でも同じです。

ところが、会社をつくった場合は、このうえ「出張手当」を支給できるようになります。あらかじめ「**旅費規程**」を作成しておき、出張手当の金額を明記しておけば、会社としては経費扱いになり、同時にもらった個人側も所得税が課税されない、非課税の収入になります。もちろん、極端な高額にしてはいけません。

◉「慶弔規程」で慶弔金を経費にする

「**慶弔規程**」についても同様です。個人事業の場合は、身内の冠婚葬祭費用はプライベートな支出となり、ほぼ経費として認められません。

でも、会社にして慶弔規程を設ければ、それに基づく**見舞金や弔慰金、出産祝いや結婚祝いなどのプライベートな支出も、遠慮なく経費扱いにできます**。

なお、各種の規程を作成するときは、役職や勤続年数などで金額に差をつけるといいでしょう。

会社の社内規程があれば経費の枠が広がる!

〈経費〉のメリット・デメリット

3

06 クルマの経費化は会社のほうがトク

個人事業で使うクルマは、事業用として使われた分しか経費化できません。会社なら、全額を経費にすることができます。

◉個人事業は事業に必要な分だけ

個人事業の場合、経費を計算するときに、業務に関係のないプライベートなお金と、事業活動に直接関係する経費とが、どうしても混同して集計されてしまいます。

そして、このうちの何割かを「**自己否認**」という形で、自主的に経費に算入しない手続きをとる必要があります。

例えば、300万円でクルマを買ったとします。そのクルマを事業用として50％使用し、プライベートでも50％くらい使うとします。

この場合、事業用の50％にあたる150万円は経費として認められますが、残りの50％は認められません。

このように、個人事業では事業に使用する割合を算出する**按分計算をすることが必要**なのです。

◉会社は全額経費として減価償却

一方、会社にすれば**事業用として必要なものか、そうでないかという判断だけになります**。

つまり、事業用としてクルマが必要ならば、そのすべてを経費とすることができるのです。

なぜなら、会社が使用するクルマは、プライベートで使用することを想定していないからです。

たとえ、少しだけプライベートで使用したとしても、その部分を明確に分けることはむずかしいので、

常識の範囲内なら全額を経費として処理できます。

もちろん、クルマは長期にわたり使用する資産ですので、一括で経費として認められることはありません。

減価償却費として、毎年一定額を費用処理していかなくてはなりません（減価償却費については次ページを参照）。

ちなみに、新車であれば小型車は4年、大型車は5年、それ以外のクルマは6年をかけて費用化していきます。

個人事業と会社の、クルマの経費認定の違い

個人事業 ▶ 業務用車両として、その利用割合に応じて経費になる

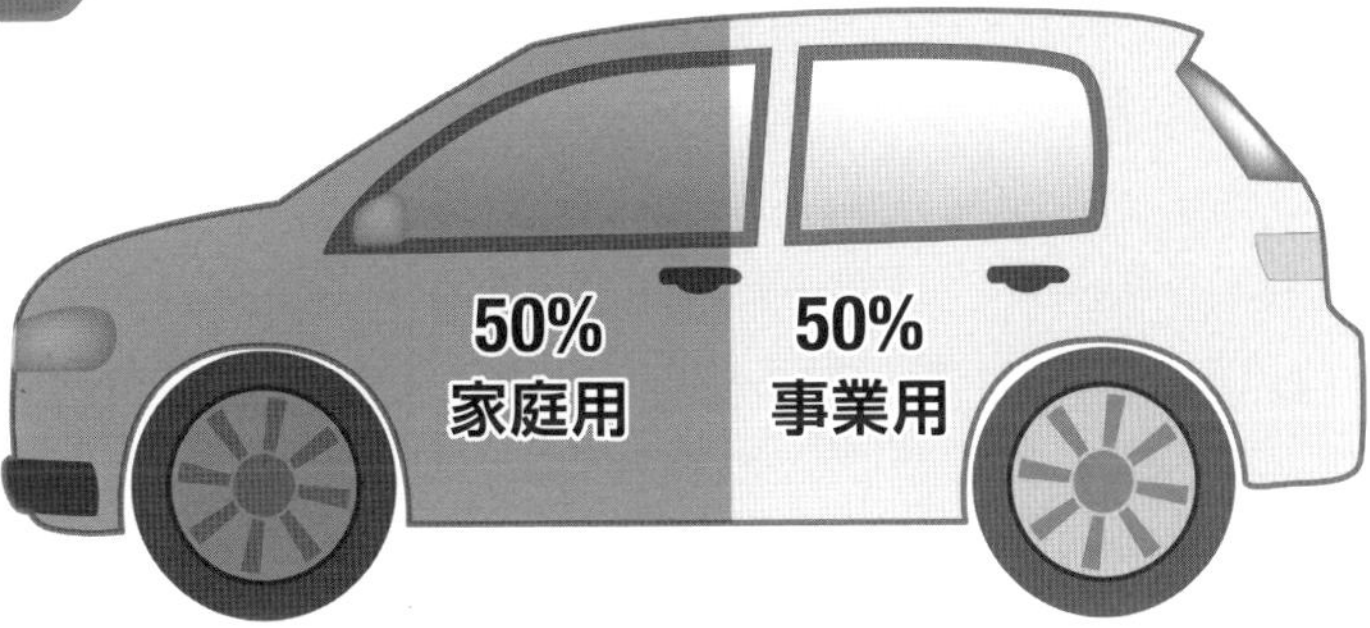

会社 ▶ そもそも個人として利用する想定がないので、全額経費になる

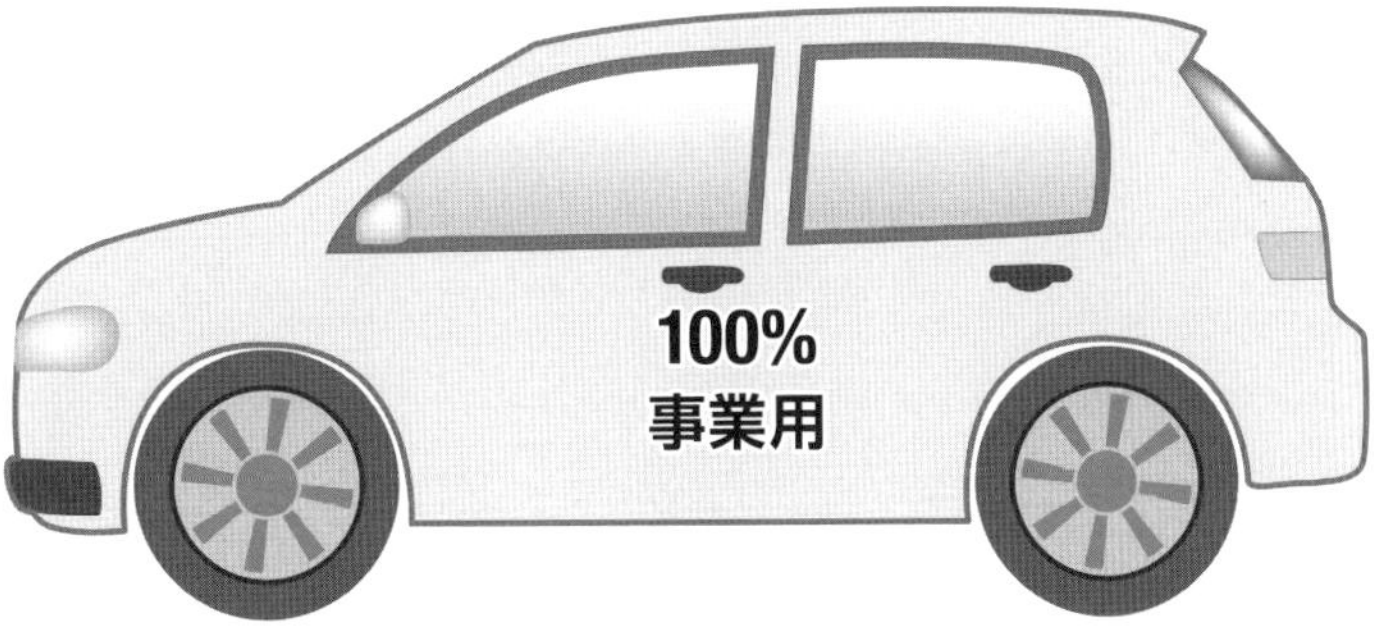

07 減価償却は会社のほうがトク

建物や高価な設備、クルマなどは一括で経費にはできず、減価償却という方法で少しずつ経費化します。このとき会社は節税が可能です。

◉取得費を長期にわたって費用計上する

個人事業も会社も、経理を行ううえで「**減価償却**」の考え方を理解しておく必要があります。

建物や、建物の附属設備、機械、車両、器具備品など、一度きりでその役目を終了せずに、長い期間にわたって、収益を獲得する手段として業務に用いられるものを「**減価償却資産**」といいます。

これらは、時の経過によってその価値を減らしていくものなので、それぞれ定められた期間のあいだ、購入資金の一部を少しずつ費用として計上していきます。

この期間を「**耐用年数**」といい、費用を「**減価償却費**」と呼んでいます。

◉個人事業は「定額法」、会社は「定率法」

次に、減価償却費の計算の仕方を説明しましょう。例えば、普通自動車なら通常6年はもつ、パソコンなら4年はもつというように、資産ごとに耐用年数が決まっているので、取得価額をその年数で割る方法が一般的です。

計算方法としては、おもに「**定額法**」と「**定率法**」があります。

建物なら、個人事業も会社も定額法を用い、それ以外の資産は、**個人事業は原則として定額法、会社は原則として定率法**と決められています。

普通自動車を例にとると、取得価額が240万円だった場合、個人事業（定額法を用いる）ならこれを6年で割るので、毎年40万円ずつの償却となります。

これが会社（定率法を用いる）だと、耐用年数6年の一定率（0・333）で毎年償却していきます。初年度は約80万円、2年めは約53万円、となります。

つまり、当初は定額法よりも大きい金額を償却して、その後は徐々に減っていきます。

6年にわたって償却できる金額は定額法も定率法も同じですが、利益が出ている場合には、定率法のほうが当初の節税効果が高くなります。

なお、個人事業では必ず減価償却費を計上しなくてはなりません（強制償却）。

ところが、会社はその年の償却の限界までの範囲で、独自の償却額の計上が認められています（任意償却）。

この点を利用すれば、会社のほうが会計期間中の損益計画をより柔軟に検討できます。

減価償却費の計算方法

取得価格 **240** 万円の
普通自動車の場合

個人事業なら

定額法

・計算式
取得価額 240 万円
÷ 耐用年数 6 年

➡ **毎年40万円ずつ減価償却する**

会社なら

定率法

・計算式
【1年め】（取得価額 240 万円
ー 減価償却費の累計額 0 円）
× 償却率 0.333
➡ **1年めは約 80 万円**

【2年め】（取得価額 240 万円
ー 減価償却費の累計額 80 万円）
× 償却率 0.333
➡ **2年めは約 53 万円**

〈経費〉の
メリット・デメリット

3 08

生命保険料の支払いは会社のほうがトク

個人事業主が加入した生命保険料は経費扱いできません。会社なら、会社が契約者と受取人になれば全額経費扱いできることがあります。

◉個人事業は生命保険料を経費にできない

会社の将来に不安があったり、いざというときに家族を守るために、死亡保障を中心とした**生命保険**に加入しているサラリーマンは多いでしょう。でも、会社を辞めて個人事業として独立すると、個人で契約した保険で、その保険金の受取人が親族である場合は、残念ながらその保険料は経費扱いすることができません。

たとえ、それが事業の借入金の残債を将来的にまかなうためだったり、跡継ぎの経済的な負担を少しでもラクにするためでも、ダメなのです。親族を受取人にすると、プライベートな個人として生命保険に入ることになります。

税法では、**個人事業の生命保険料は、最高12万円の「生命保険料控除」**という所得控除しかないので、節税効果が高いとはいえません。

また、万が一のとき、生命保険の死亡保険金は相続税の課税の対象となってしまいます。

◉会社が受けた保険金を死亡退職金に

これに対して会社にした場合、社長に対する保険は、契約者と受取人の両方を会社にして生命保険に加入すれば、保険の種類によってはその全額を経費として扱うことができます。

あえて、おおざっぱにいうなら、定期保険の保険料のような、**掛け捨ての部分が経費**となります。

個人事業では、サラリーマンと同じく個人でしか生命保険契約を結べませんから、当然、経費扱いはできません。

ところで、会社が死亡保険金を受け取ったら、個人には一銭も渡らないかというと、そうではありません。会社ならではの良い方法があります。その**保険金に相当するお金を死亡退職金として遺族へ支給**すればいいのです。ただし、この退職金の一部は個人の**相続税**の課税対象となります。

生命保険と経費の関係

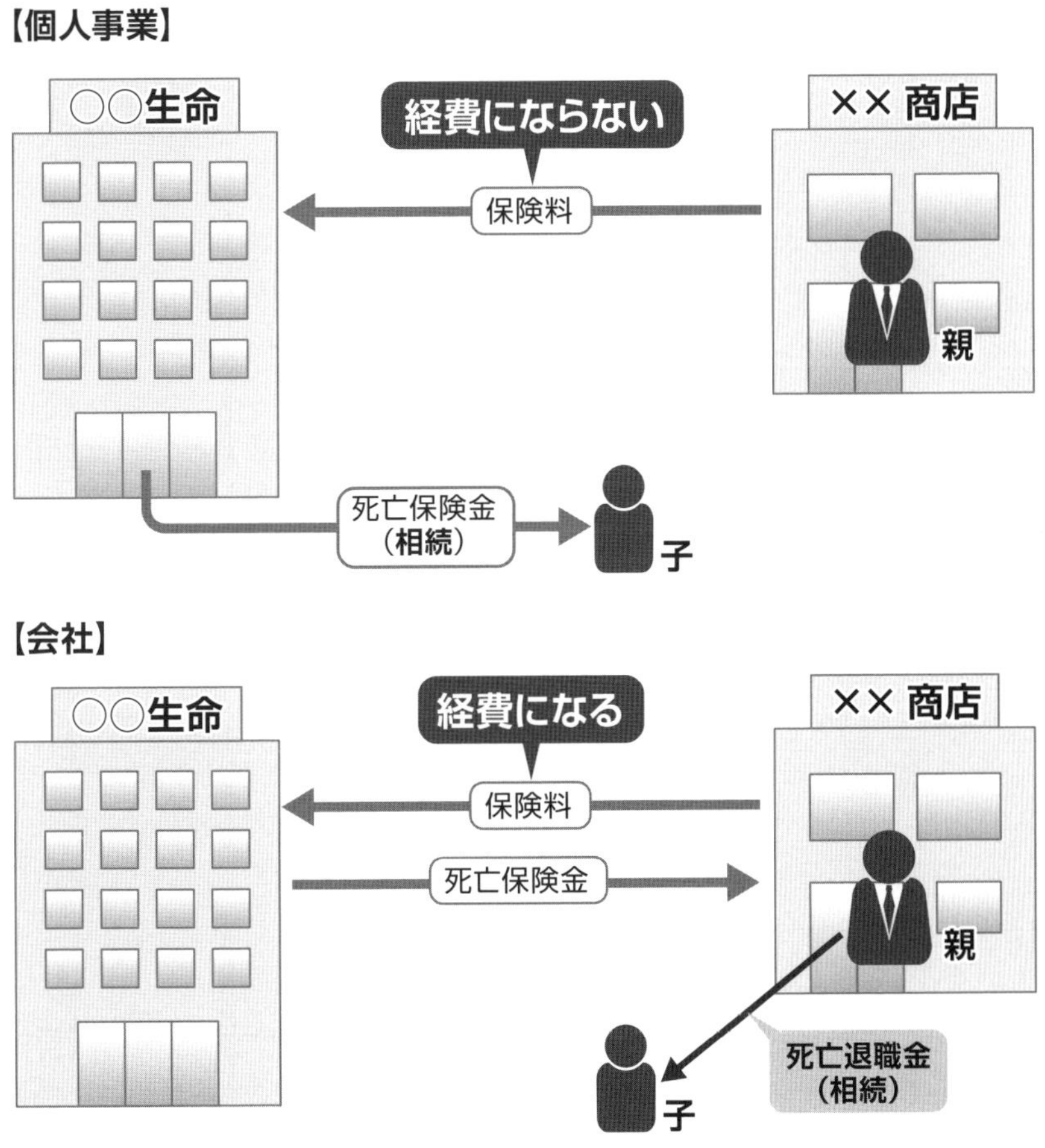

09 退職金の経費化は会社だけができる

会社ならではの節税策として、毎月の給料額を減らしてでも退職金として払う方法があります。税金や社会保険料が安く済みます。

◉会社が払う退職金の基本的な考え方

「退職金っていうけれど、この時代に、そんなお金をどうやって残せばいいの?」というのが、独立した人たちに共通する思いでしょう。そこで会社にした場合、退職金を利用したほうが有利と思える節税方法を紹介しましょう。

カンタンにいえば「本当は、今すぐこれだけの給料を支払えるけれども、その一部は支払わずに積み立てておいて、退職金として後払いをする」というやり方です。

つまり、**毎月の給料を減らしてでも、退職金として支払ったほうが、税金や社会保険料が安くなる**のです。

◉節税効果が高い退職所得の計算方法

給料に「**給与所得控除**」があるように、退職金にも「**退職所得控除**」という、収入から差し引ける特別な控除が認められています。

まず退職所得控除額は、80万円未満なら全額を控除できます。つまり、税金は一銭もかかりません。

また、勤続年数が20年以下の場合は、40万円に勤続年数を掛けた金額を控除額として、退職金から差し引くことができます。

それに加えて、20年を超えると、超えた年数に70万円を掛けた金額を控除額として退職金から差し引けます。

さらに、退職所得として課税されるのは、退職金から退職所得控除を差し引いた金額のわずか半分だけです。もちろん社会保険料もかかりませんから、**明らかに給与所得よりも有利**といえます。

◉個人事業の退職金はダメ

そんな節税メリットの多い退職金ですが、じつはこの考え方は個人事業に対しては認められていません。「個人事業主が、個人事業主に支払う退職金」という考え方自体がありえないからです。

また、長年ともに頑張って働いてきた家族専従者への退職金も、経費として認められていません。

個人事業主にとって、仕事を辞めたあとに生活費をどうやりくりするかは大きな問題です。個人事業主のほとんどは国民年金のみに加入していますが、現状では国民年金を満額支払われても、年間80万円程度の額しか受け取れません。

また、老後のために資金を備える手段を生命保険に頼ろうとしても、支払った保険料は経費として認

退職所得の計算式

$$\text{退職所得} = (\text{退職金} - \text{退職所得控除額}) \times 1/2^{※}$$

※勤続年数５年以下で法人の役員を辞めると 1/2 ルールはない

【退職所得控除額の計算方法】

勤続年数	控除額の計算式
20 年以下	40 万円×勤続年数 （80 万円未満の場合、80 万円）
20 年超	800 万円 ＋ 70 万円×（勤続年数－20 年）

められません。

しかも、認められている所得に対する生命保険料控除は最高でも12万円でしかありません（74ページ参照）。

今のやりくりも大切ですが、将来の生活資金をどうするかは、もっと切実な問題です。

◉会社をつくれば退職金が経費になる

会社をつくると、退職金は個人とは別の人格、すなわち法人格から支給されることになります。そのため、常識はずれな高い金額でないかぎり、**退職金は会社の経費として認められます。**

経費として認められるのは、社長本人だけではありません。**家族従業員への支給も認められています。**

先ほど説明した退職所得の計算でも、税額が安く算出されます。

これは、会社にした場合の大きなメリットといえます。

◉家族に退職金を分散して節税する

事業が軌道に乗ってくると、順調に利益が増えて、いろいろな節税策を施します。その間、「経営セーフティ共済（次の項目参照）」や各種の生命保険などを利用すれば、潤沢なお金が外部に残ります。

しかし、問題なのはそれを解約する時期です。その際には、解約金を受け取る会社側は臨時収入となるので、利益が増えてしまい、余分な法人税が発生するおそれが出てきます。

そこで、会社をつくった場合に、事前に計画しておきたいのが、家族従業員の退職時期です。給料と同じで1人ひとりに与えられる「退職所得控除」という権利を十分に活用しましょう。

それには、事前に生命保険の満期やその解約時期を、退職時期にあわせておくことをオススメします。そうすれば、解約金という会社の「収益」を、退職金という会社の「経費」で相殺できて、必要以上に高い税金を支払わなくて済みます。

退職金の支給額

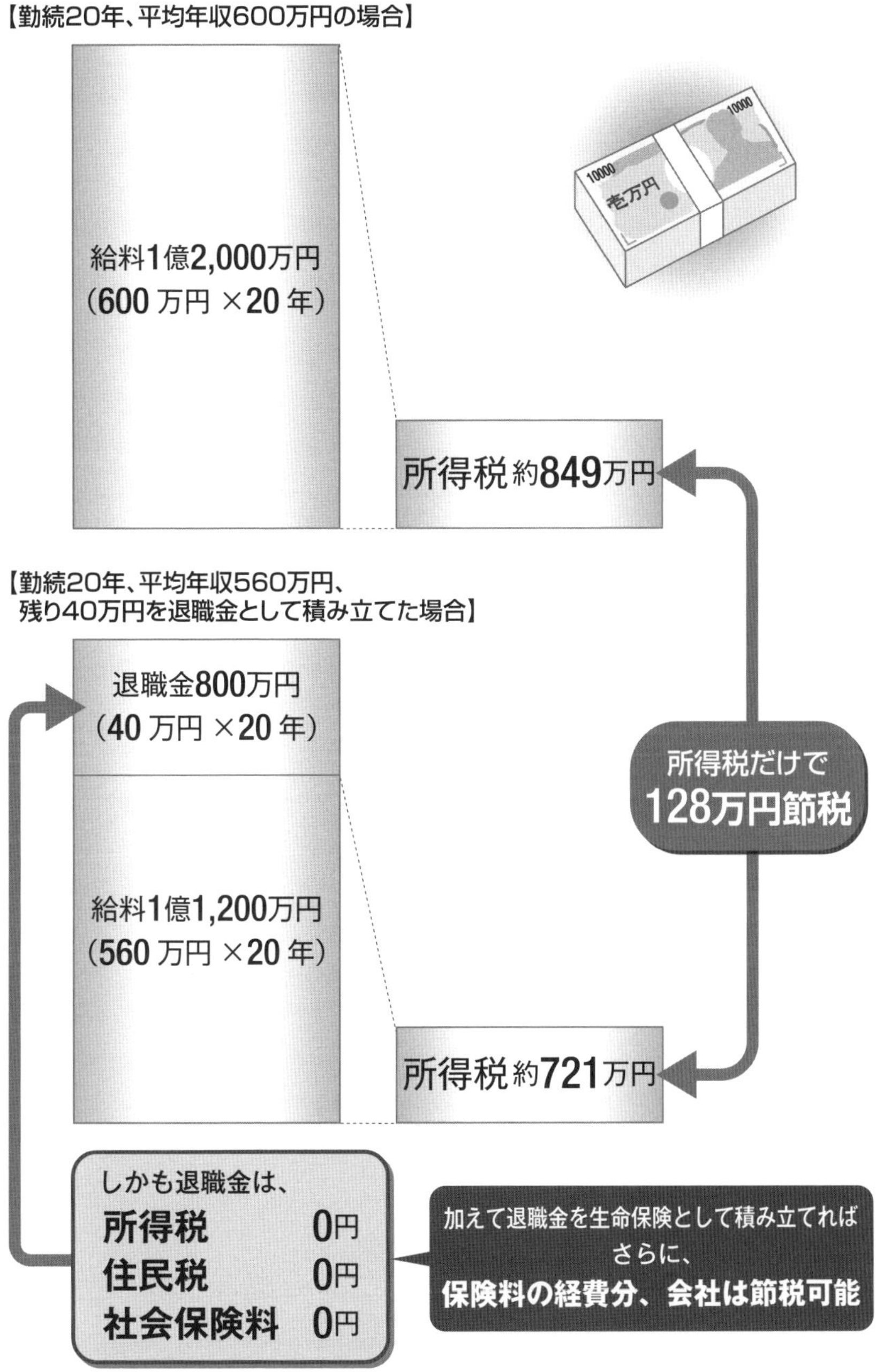

【勤続20年、平均年収600万円の場合】
給料1億2,000万円
（600万円×20年）
所得税 約849万円
【勤続20年、平均年収560万円、
残り40万円を退職金として積み立てた場合】
退職金800万円
（40万円×20年）
給料1億1,200万円
（560万円×20年）
所得税 約721万円
所得税だけで
128万円節税
しかも退職金は、
所得税 0円
住民税 0円
社会保険料 0円
加えて退職金を生命保険として積み立てれば
さらに、
保険料の経費分、会社は節税可能

〈経費〉のメリット・デメリット

3 10

経営セーフティ共済を使うと個人事業も会社もトク

中小企業向けの国の共済制度があり、個人事業も会社も利用できます。掛金は全額経費扱いでき、退職金の準備にも役立ちます。

◉経営セーフティ共済と小規模企業共済

「経営セーフティ共済」と「小規模企業共済」は、どちらも「独立行政法人 中小企業基盤整備機構」が運営する、中小企業向けの国の共済制度です。

経営セーフティ共済は、取引先が倒産したときに無担保、無保証人、無利子で借り入れることができる制度です。この制度を解約する時期を活用すれば、あとで説明する手法で**退職金**代わりにできます。

また**小規模企業共済**は、経営者自身の退職金制度で、使い方によっては生命保険と同じ役割を果たします。

これらはともに、支払うときに節税できて、原則的にお金が減らずに戻ってくる共済制度です。

経営セーフティ共済は、月々5000円から20万円までを支払って、掛金が総額800万円になるまで積み立てることができます。掛金は、個人事業も会社も、全額を経費にすることができます。

小規模企業共済は、月々1000円から7万円までを支払って積み立てられます。掛金の全額が「小規模企業共済等掛金控除」として個人の所得から差し引けるので、経費と同じような扱いになります。

◉解約したときの会社の節税メリット

この2つの制度の違いは、解約したときにあらわれます。

小規模企業共済は、個人事業でも会社の役員でも

「公的年金等の雑所得」、または「退職所得」に該当し、個人として課税されます。そのときは、いずれも税金の安い所得として計算されます。

しかし、経営セーフティ共済はそうではありません。

解約してお金が戻ってくると、個人事業も会社も「雑収入」として商売の利益と合算して、一律に課税の対象となります。

会社が有利なのはこの点です。解約して戻ってきた「収入」と、それに見合う「経費」があれば、課税されません。そのため、家族従業員などが引退するときの「退職金」として活用すれば、会社の利益は増えません。

「退職所得」は、税金が安い所得ですから、受け取る側としても節税メリットが大きくなります。

一方、**個人事業の専従者への退職金の支給は、経費とみなされません**。ここに、会社にした場合のメリットがあるわけです。

経営セーフティ共済と小規模企業共済

	小規模企業共済	経営セーフティ共済
毎月の掛金	1,000円～7万円	5,000円～20万円
掛金の特徴	増減可能	増減可能。800万円が限度
掛金の取扱い	個人の所得から控除 （経費と同様の扱い）	経費となる
解約時の払戻し	20年以上で満額	40カ月以上で満額
払戻しの取扱い	一時所得、退職所得、もしくは雑所得扱い	個人事業：事業の雑収入 会社：会社の利益（益金）

個人事業の場合、突然の雑収入に見合う経費がないため、**課税**されてしまう。
会社であれば、この利益に見合う**経費（退職金など）の計上**で節税可能

コラム #2

「経費」と「損金」はどう違う?

税務・会計の世界では、サラリーマンにはあまり馴染みのない言葉がたくさんあります。経営者ともなれば、そうした用語も知っておかなくてはなりません。

例えば、「損金」という言葉をご存知でしょうか。よく「損金で落ちる(落とす)」などと使われますが、その意味は……?

これは、会社をつくった場合、法人税を計算するにあたって、決算書の上で経費とした金額のうち、「税法上も経費として認められるもの」を限定して指す言葉です。つまり、通常は、会社が経費と考えた金額よりも、損金と認められる金額のほうが少なくなります。

わかりやすい例をあげましょう。当期の業績があまりにもよかったので、社長である自分もボーナスをもらいたくなったとします。これを、会計上の経費とするなら、ボーナスをとってもOKです。どうぞ、好きなだけとってください。

ただし、これは法人税を支払うときになって、経費ではあっても会社の「損金」とは認められません。なぜなら法人税法では、法人税を払いたくないがために社長がボーナスを多くとることを規制しているからです。

でも、いったん、決算書上で経費扱いにしたお金を損金にされたのでは、経費が抑えられてしまい、それによって利益の金額が変わってしまいますね。じつは、この変わった後の利益のことを、税の世界では「所得」と呼びます。ただ、この話は決算書とは別のところで、別の計算がされるので、決算書の金額を変えることはありません。

なんだかまぎらわしいな、と思ったかもしれませんね。ただ、そうしないと意図的な税金逃れが横行する危険があるので、これは仕方のないことです。

会社をつくったら、税務・会計の知識もある程度は必要になります。がんばりましょう!

第4章 〈手間〉のメリット・デメリット

開業・設立の手続きは？

個人事業 のほうがラク▶P.84 参照

毎日の経理作業は？

個人事業 のほうがラク▶P.88 参照

決算・申告の事務作業は？

個人事業 のほうがラク▶P.92 参照

事業の意思決定は？

個人事業 のほうがラク▶P.96 参照

事業内容を変更するなら？

個人事業 のほうがラク▶P.98 参照

事業を売買するなら？

会社 のほうがやりやすい▶P.100 参照

事業承継をするなら？

会社 のほうがラク▶P.102 参照

廃業するなら？

個人事業 のほうがラク▶P.106 参照

〈手間〉のメリット・デメリット

4 01

開業・設立の手続きは個人事業のほうがラク

会社を設立するには、定款の作成と認証、法務局への登記、税務署やハローワークへの届出などが必要で、個人事業よりも手続きが煩雑です。

◉個人事業の開業に必要な書類は？

個人事業を開業する際には、税務署や都道府県・市区町村の税務課に届出が必要です。まず税務署には、個人事業を開業する旨を記した「**個人事業の開廃業等届出書**」を提出します。さらに青色申告にしたい場合は「**所得税の青色申告承認申請書**」を提出します。家族に給料を支払い、それを経費にする場合は「**青色事業専従者給与に関する届出書**」を提出します。家族以外の従業員を雇う場合には「**給与支払事務所等の開設届出書**」を出します。

また、都道府県・市区町村の税務課には「**個人事業開始申告書**」を提出します。

ほかにも**労働基準監督署**や**ハローワーク**への雇用関連の手続きが必要となるケースもありますが、基本的にはそれほど手間はかかりません。

◉会社の設立に必要な書類は？

それに引き換え、会社の設立には、登記の手続きのほか、税務署などにさまざまな書類を提出しなくてはなりません。

会社設立の登記は、定款を作成して**公証役場**で認証してもらい、その後、管轄の法務局へ設立に関する書類を提出します。定款とは事業の内容を定めた会社の憲法ともいうべきもので、この作成はなかなか大変な作業です。

そして設立の登記が済んだら、税務署に法人設立の届出や青色申告を受けるための届出をしなくてはなりません。従業員を雇えば労働基準監督署やハローワークにも届出が必要です。また**許認可**が必要な商売は、保健所や警察署など、それぞれ管轄している官公庁にも届け出なくてはなりません。

開業手続きは、会社のほうが圧倒的に煩雑です。

開業前後に必要なおもな手続き（書類）

提出するところ	おもな手続き（提出書類）	
公証役場	定款の認証	
登記所（法務局）	株式会社設立登記申請書（添付書類「定款のコピー、発起人決定書など」）、代表印の登録など	
税務署	会社	法人設立届出書（添付書類「定款のコピー、登記事項証明書など」）、青色申告承認申請書など
	個人事業	個人事業の開廃業等届出書（開業届）、所得税の青色申告承認申請書など
都道府県や市区町村の税務課	会社	法人設立届出書（添付書類「定款のコピーなど」）など
	個人事業	個人事業開始申告書など
年金事務所	健康保険・厚生年金保険新規適用届（添付書類「会社の登記簿謄本など」）など	
労働基準監督署	労働保険保険関係成立届（添付書類「賃金台帳、会社の登記簿謄本など」）など	
ハローワーク	雇用保険適用事業所設置届（添付書類「会社の登記簿謄本、労働者名簿、賃金台帳など」）など	
その他公的な機関	保健所・警察署・都道府県出先機関などへの営業許可関係の手続き	
その他の手続き	金融機関の預金口座開設、代表印の作成・登録、など	

4 02

個人事業の申告は「青色」のほうがトク

個人事業にする場合は、青色申告にすることをオススメします。帳簿をつくる手間はあるものの、さまざまな特典が得られます。

◉青色申告には特典がある

前のページで、開業時の手続きの内容を、個人事業と会社設立とで比較しましたが、個人事業を選んだ場合は、税務署に「**青色申告**」を申請しておいたほうがいいか、それとも申請しないで「**白色申告**」を選ぶかで、アタマを悩ませるものです。

このうち青色申告は、**申請をして、帳簿を作成する義務を履行することで、いろいろな特典がついてくる申告制度です**。帳簿には、毎日のお金の流れを複式簿記（89ページを参照）によりきちんと記帳しておかなくてはなりません。この少しの手間をかけるだけで、最高65万円が所得から控除される（青色申告特別控除）ほか、家族従業員への給料が経費として認められ、また赤字が出ても3年間繰り越せるなどの特典が得られます。

また青色申告を選んで承認を得ていれば（187ページを参照）、面倒な複式簿記ではなく、もっと簡単な帳簿づけであっても、最大10万円になりますが所得からの控除が受けられます。

◉「白色申告のほうがトク」は間違い

少しの手間でトクをする青色申告ですが、じつは個人事業主の多くは、白色申告を選ぶ人が多いのです。その理由は2つあります。

1つは「白色申告なら、税務調査が来ない」というものです。本当でしょうか。そんなことはありません。日本の税制は法律によって運営されており、納税者は公平に扱われます。青色申告には調査が入り、白色はない、などということはありません。

また「白色申告なら、現金主義なので経理がややすい」という声もよく耳にします。白色申告をするときにつける決算書を「**収支内訳書**」といいます。「収支」というからには、お金が入った日を売上日とし、お金を払った日を経費支払いの日とすればいいのだろう、というわけです。こうした考え方を「**現金主義**」と呼ぶのですが、これは明らかな勘違いです。税法上は、白色申告も青色申告も、また会社の場合でも、平等に「**発生主義**」が求められます。

発生主義とは、売上も経費も実際にお金の出入りがあった時点ではなく、その事実が発生した時点で認識する考え方です。例えば、商品の注文を受けて納品をし、検品を受けてから請求書を発送し、お金を集金した場合、売上がたったのはどの段階でしょうか。税法上の原則からいうと、納品した日か、検品を受けた日が、売上がたった日となります。

つまり、**相手に自分の商品やサービスを納めた時点で、実際のお金の出入りにかかわらず売上を立てないといけない**のです。

結局、個人事業にして青色申告と白色申告のどちらを選ぶかで悩んだときは、青色申告を選んで特典を受けたほうが賢明といえます。

現金主義と発生主義の違い

現金主義の会計

現金が出入りした時点で
損益を計算する

発生主義の会計

実際に現金の出入りがなくても、
取引が成立した時点で損益を計算する

〈手間〉の
メリット・デメリット

4

03 毎日の経理作業は個人事業のほうがラク

個人事業は「単式簿記」のカンタンな帳簿をつくればOK。一方、会社は複雑な「複式簿記」で経理業務をしなくてはなりません。

◉会社と個人のサイフを分ける

会社にすると、個人事業よりも厳しい経理上の約束事が発生します。それは「会社のサイフと、個人のサイフをごちゃ混ぜにしてはいけない」ということです。

会社（法人）という別人格のサイフと、社長個人のサイフはまったくの別物です。社長のサイフの中がスッカラカンだからといって、**会社からお金を融通してもらうと、その瞬間に「役員賞与」を受けた**とみなされます。役員賞与になると、個人に所得税や住民税が課されてしまいます。また、役員賞与は会社の経費として認めてくれません。

「それなら、一時的に借りたことにすればいいだろう」というかもしれませんが、これも危険です。

例えば、会社が銀行からお金を借りているときに、帳簿上に社長に貸した「社長貸付金」が記載されていたら、銀行側はどう思うでしょうか。「会社の資金繰りのためにお金を貸したのに、それを個人に流用しているのか」と疑うことでしょう。そんなことになったら会社の信用はガタ落ちです。それに、「本当は役員報酬をもっと取りたいのに、それができない経営状態なんだな」とも思われるでしょう。

そんなことがないように、面倒でも会社のサイフと社長のサイフはきっちりと分けることが大切です。それができないようでは、会社をつくるのは考え直したほうがいいかもしれません。「**健全な商売に、**

健全な帳簿あり」です。社長自身が身を律してこそ、安定的で信頼される組織ができるのです。

◉「複式簿記」とは何か？

さて、事業に関わるお金とモノの出入りを記録するのが「簿記」です。

個人事業なら、商売で発生した収入と支出さえ明らかにしておけば、一応、確定申告を済ませられます。

現金出納帳や預金出納帳、経費帳などの帳簿をつくって、売上や経費などを記録すればいいのです。こうしたやり方を「**単式簿記**」といいます。

一方、もっと手間のかかるやり方を「**複式簿記**」といいます。

例えば、売上を得れば会社にお金が増え、逆に仕入などで支払えばお金は減りますね。「売上の獲得」と「お金の増加」、または「仕入の支払い」と「お金の減少」という2つを、同時に考えるやり方が複

会社のサイフと自分のサイフはきちんと分けよう！

式簿記の基本です。

これは、1つひとつの取引が、それぞれ会社の資産や負債を増減する「原因」となり、収益や費用がいくらかかったかという「結果」になる、という考え方です。

この二面性を同時に認識して記録を残す方法を「複式簿記」といいます。

◉会社は必ず複式簿記で記録する

個人事業は複式簿記で記録しなくても確定申告できますが、**会社は必ず、複式簿記を採用しなくてはなりません。**

決算日になって、手元のお金を数えたらいくらだったとか、借金の残高はいくらだったとかというような単純な記録では通用しません。

法人税法が求める帳簿や決算書は、複式簿記を基本とした、お金の流れの立証性に長ける経理処理を求めているのです。

◉会計ソフトを使えばラク

もしあなたが、これまでに経理事務の経験がなかったとしても、独立心をもち、金銭感覚に優れていれば、カンタンな取引ならすぐに複式簿記の考え方を理解できると思います。少し練習してみましょう。

例えば、現金で1万円を売り上げたとします。この場合は、「売上：1万円、現金増加：1万円」という記録をすればいいだけです。

単式簿記と複式簿記

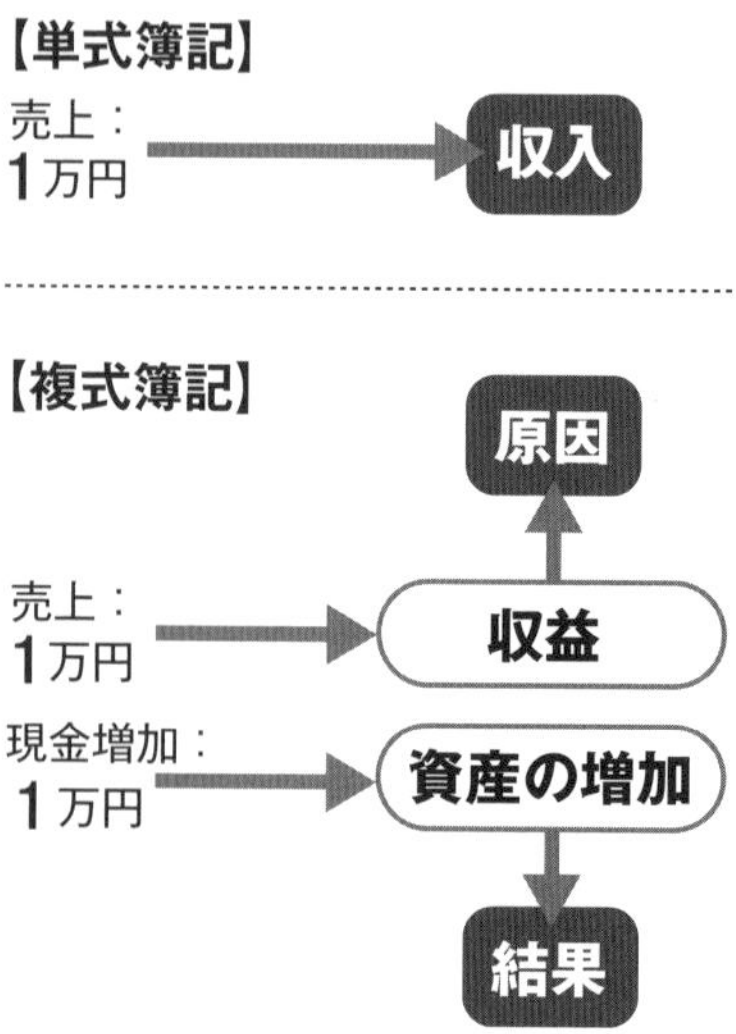

単式簿記は1つだけ記録、
複式簿記は2つ記録

でも、売上の１万円が、振込手数料として３１５円を差し引かれて、実際には銀行口座に９６８５円が振り込まれたとしたら、どうでしょうか。

単式簿記では「売上：１万円」を預金出納帳に記録し、「支払手数料：３１５円」を経費帳に記録すればＯＫです。

ところが複式簿記では「売上：１万円、預金増加：１万円」に加えて、「支払手数料：３１５円、預金減少：３１５円」を記録しなくてはならないのです。

どうでしょうか。この仕組みを理解できるでしょうか。いずれにせよ、あなたが会社をつくるのなら、イヤでも複式簿記の考え方を覚えなくてはなりません。

「経理のことを考えると、会社をつくるのは手間だなあ」と思うかもしれませんが、そんなに心配はいりません。最近はパソコンで手軽に使える会計ソフトもあります。会社のお金の流れを把握するには、自分自身で経理に挑戦してみるといいでしょう。

単式簿記と複式簿記での記帳例

【単式簿記】

【預金出納帳】

月　日	取　引　先	摘　　要	入　　金		出　　金		差引残高
			売上	その他	仕入	その他	
1月15日	売上	商品代金	10,000				10,000

【経費帳】

月　日	摘　　要	仕入	租税公課	支払手数料	水道光熱費	旅費交通費	通信費	広告宣伝費
1月15日				315				

【複式簿記】

【振替伝票】

月　日	金　　額	借方科目	摘　　要	貸方科目	金　額
1月15日	9,685	普通預金	商品売上	売上	10,000
	315	支払手数料	振込手数料		
	10,000		合　　計		10,000

〈手間〉の
メリット・デメリット
4

04 決算・申告作業は個人事業のほうがラク

個人事業の決算・申告・納税は比較的スケジュールが緩やかです。会社の決算業務は手間がかかり、スケジュールもタイトです。

◉会社の申告はスケジュールが厳しい

個人事業では、廃業でもしないかぎり12月31日が**決算日**と決められています。12月31日に帳簿を締めて、所得税を翌年の3月15日までに申告します。消費税は3月31日までです。

一方、会社の場合は、設立するときに決算日をいつにするかを決めて定款に記載することで、決算日を自由に決められます。

そして、法人税も消費税も原則として、**決算日から2カ月以内に申告を終えなければいけない**ことになっています。

また、個人事業では口座引落としを希望することにより、税金の納付期限が申告期限の約1カ月後となるため、時間的な余裕がいくらかあります。

ところが会社の場合は、原則として**申告期限が納付期限**となっています。

そのため、事務手続きも納税資金の確保も、同時に進行させなくてはなりません。

◉申告先は税務署だけではない

じつは、個人の確定申告書はすべてを税務署に提出すると、同じ書類が納税地である市区町村に自動的に提出される仕組みになっています。そのため、届出は1度で済みます。

一方で会社の場合は面倒です。

所轄の税務署、**都道府県の出張機関である都道府

県税事務所、市区町村にそれぞれ申告書類を別々に作成して届け出なければなりません(東京都の特別区などの例外あり)。

さらに、医療法人や建設業などでは、都道府県にも事業報告書を毎年提出しなくてはなりません。

このように業種によってはさまざまな届出が必要となりますから、会社をつくると事務にかかる作業量は膨大なものとなります。

決算・申告・納税という一連の税務手続きについては、個人事業のほうがラクなのです。

決算日から、申告・納税までの流れ

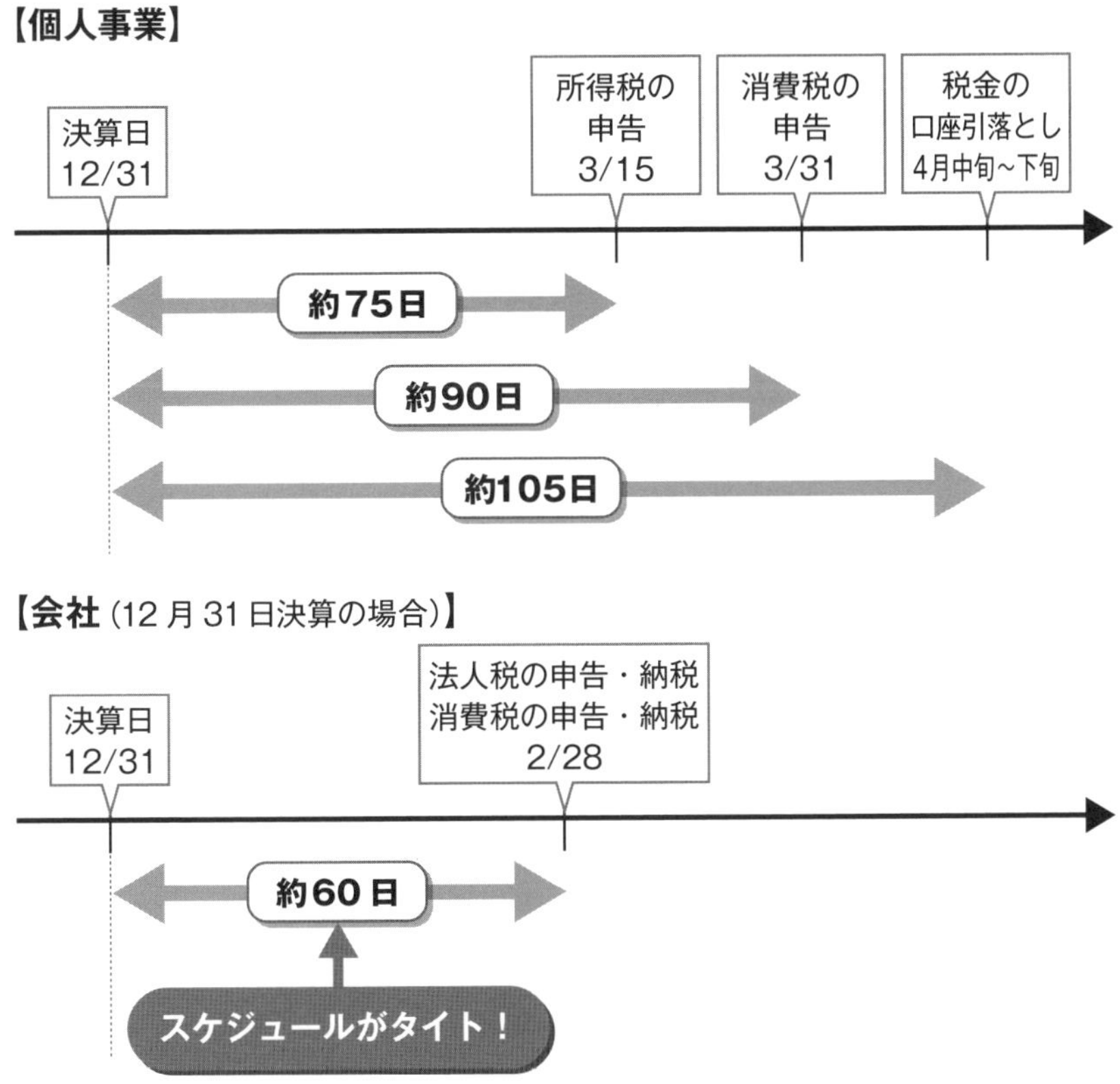

◉個人と会社の申告が必要な場合もある

給与所得者の場合、基本的には個人の確定申告は不要です。年末調整という手続きを行うことが、確定申告の代わりになるからです。

ただし、株式投資などで損をした年の損失を、翌年以降に繰り越す場合などは、確定申告が必要となります。

この場合、個人と会社の両方の確定申告が必要となり、手間が増えます。

◉貸借対照表の作成も必要

個人事業主が確定申告するときは、収入や支出を把握するような決算書（**損益計算書**）を作成するだけでも問題ありません。

しかし、会社はそれだけでは足りません。「**貸借対照表**」という決算書もつくらなくてはならないのです。

会社は「複式簿記」を使ってお金の出入りを記録します。

この複式簿記の記録の仕方は、取引の「原因」と「結果」の両方を記録するやり方です（90ページ参照）。会社の資産や負債が増減する原因と、収益や費用がいくらかかったかという結果がわかるようにするものです。

複式簿記で記録すると、収入や支出だけでなく、資産や負債などの詳細もわかります。それを決算書に落とし込んだもの、それが貸借対照表です。会社の確定申告には、損益計算書に加えて、この**貸借対照表の提出も求められる**のです。会社をつくると、これらを作成するために余計な手間をかけなくてはなりません。

◉決算書を活かす方法

このように会社の決算にはかなりの手間がかかりますが、悪いことばかりではありません。それは、これらの決算関連の資料を**経営のヒントとして使え**

ることです。

損益計算書と貸借対照表の２つをあわせれば、自分の事業の「強み」と「弱み」が見えてきます。それを経営や資金繰りに活かしていくのです。

例えば、損益計算書で当期利益が大きくプラスになっているのに、手元にお金がない場合は、売掛金の割合が大きいなどと読み取れます。

初めはカンタンではないかもしれませんが、決算書を活用できなければ、いつまでたってもカンで商売をしているようなものです。

決算書にあらわれた数字の意味を知り、活用できるようにならなければ大きく成長することはできません。

独立するのなら、そのくらいの覚悟はほしいところです。

貸借対照表と損益計算書の基本的な構成

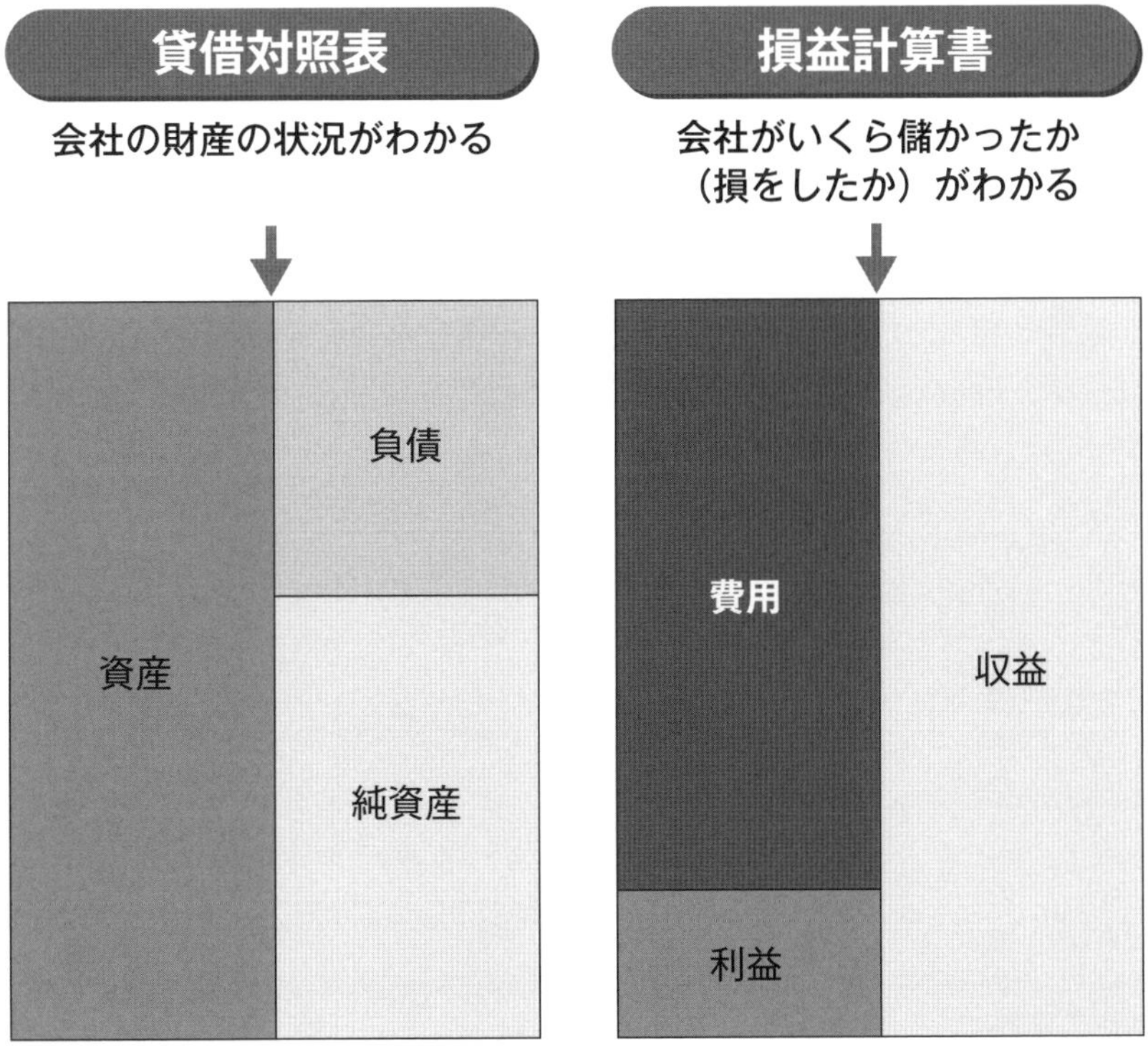

〈手間〉の
メリット・デメリット
4

05 事業の意思決定は個人事業のほうがラク

社長1人の会社でも、事業に関する決めごとはすべて議事録に残さなくてはなりません。個人事業ならこんな面倒はありません。

◉会社は株主が一番えらい

会社の中で「一番えらいのは社長」と、よく勘違いされます。これは中小企業が「社長＝株主」であるケースが多いからです。会社の中で本当にえらいのはオーナーである「**株主**」です。

この株主の集まりを「**株主総会**」と呼び、取締役や監査役を決めたり、決算の承認をしたり、定款を変更するなど、会社の重要事項を「決議」します。

ちなみに、基本的な事項を決める決議を「普通決議」、もっと大事なことを決める決議を「特別決議」、さらに大事なことを決める決議を「特殊決議」と呼びます。

重要な議題ほど、それを承認するのに必要な出席株主数や議決権の割合が多くなります。

でも、この本を読んで会社をつくるか迷っている人のほとんどは、株主は自分1人だけという形態でしょう。それなら、どんな決議でも自分1人でほとんどのことを決められます。

◉すべての議事録を残しておこう

とはいうものの、すべて1人で決めたことも、その過程の「**議事録**」を残す必要があります。

じつは、これが意外に面倒な作業です。そのため、人によっては決算後に次の役員報酬を決める議事録の作成を顧問の「税理士」にお願いしたり、会社の住所や目的、役員などの重要な変更があったときの登記に必要な議事録は「行政書士」や「司法書士」などの専門家に依頼することも少なくありません。

　ここで注意したいのは、会社をつくればその運営は会社法のもとに拘束されることです。つねに会社法にのっとった仕組みづくりをしていないと、後で思わぬ罰金や損をするケースが出てきます。

◎会社のいろいろな機関と役割

　会社を構成する機関にはいろいろあります。例えば「**株主総会**」は、会社のもっとも大事なことを決定する、最高意思決定機関です。資本の増減や決算の承認、取締役や監査役の選任などの重要事項を決定します。

　また「**取締役会**」は、株主総会で決まった大枠の範囲内で、会社の実態を動かす業務上のトップ機関です。代表取締役の選任や営業方針、人事案件など、さまざまな業務の詳細を決定します。

「**監査役**」は数字の監査を行うことがメインの役割です。また、取締役がきちんと業務を執行しているかをチェックする業務監査も行います。

　このように、たった1人で会社をつくったとしても、**「会社は組織」という建前がある**ので、個人事業よりもその手間は多く、煩雑といえます。

基本的な会社の構成

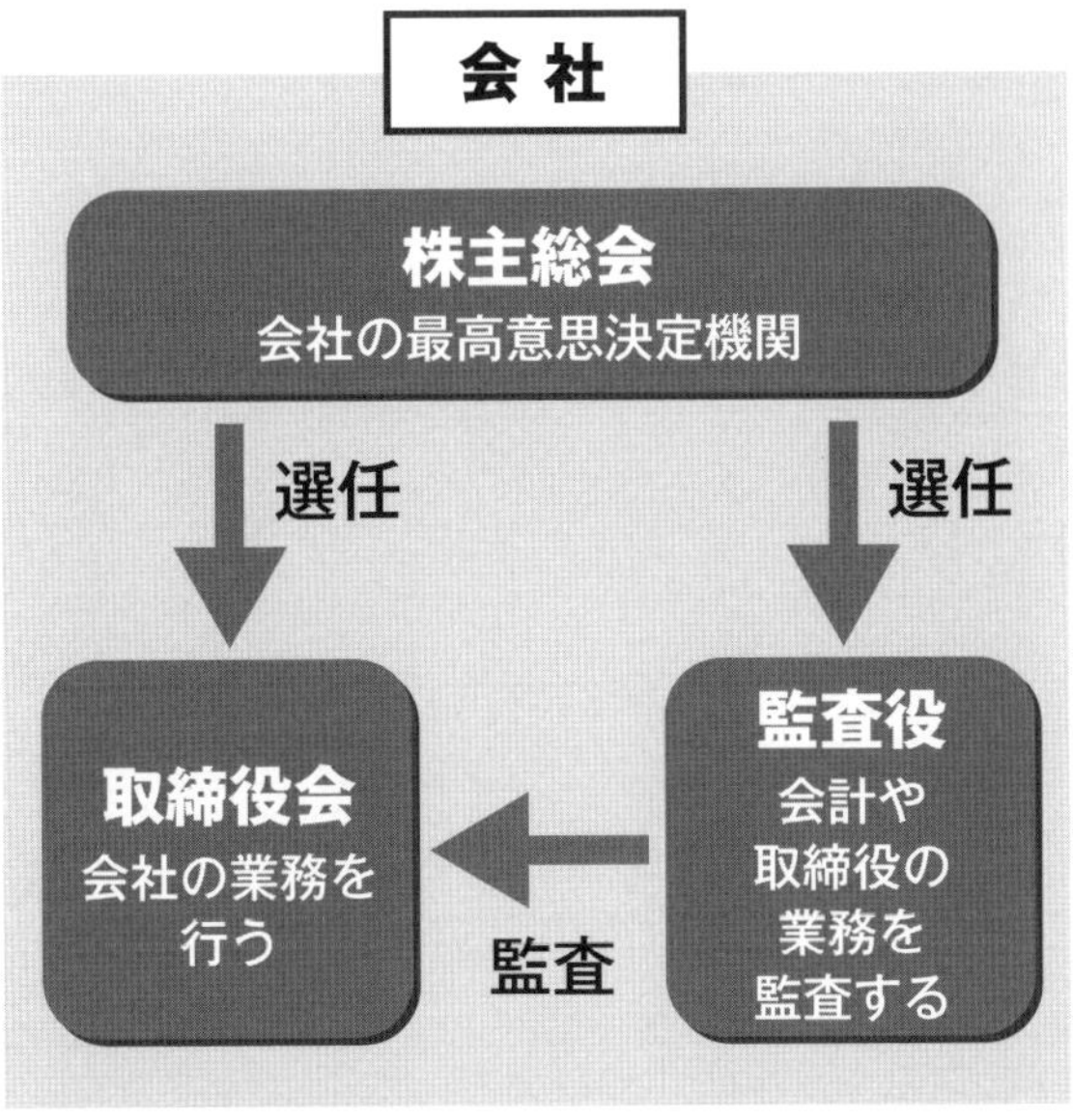

06 事業内容の変更は個人事業のほうがラク

会社が重要事項を変更する場合には、登記記録の変更手続きをしなくてはなりません。これには登録免許税という費用が発生します。

◉会社が登記しなくてはならない事項

一般的な中小企業で、**登記**して社外に公開されている「**登記事項証明書（登記簿謄本）**」に書かれている事項は次のとおりです。

「商号」「本店」「公告をする方法」「会社成立の年月日」「目的」「発行可能株式総数」「発行済株式の総数並びに種類及び数」「株券を発行する旨の定め」「資本金の額」「株式の譲渡制限に関する規定」「役員に関する事項（取締役）」「役員に関する事項（代表取締役）」「役員に関する事項（監査役）」「取締役会設置会社に関する事項」「監査役設置会社に関する事項」「登記記録に関する事項」など

この中で、後から変更できないのは「会社成立の年月日」くらいです。

裏を返せば、それ以外の**会社の重要事項を変更したときは、すべて登記記録の変更を申請しなくてはなりません**。例えば、本店の移転（管轄内）の登記には1カ所につき3万円がかかります。

残念なことに、「登録免許税」という、登記するための費用もいちいちかかってきます。

また、実務で忘れがちなのが「役員変更登記」。役員には最高10年までの任期がありますが、たとえ役員の顔ぶれに変更がなくても、任期を満了後、ただちに変更登記をしないと罰金がかかってしまいます。注意してください。

会社で公開される登記事項証明書の例

商号	○○ホームページ制作株式会社
本店	東京都台東区台東○丁目○番地
公告をする方法	官報に掲載して行う
会社成立の年月日	令和○○年○月○日
目的	1、インターネットのホームページの制作 2、インターネットを利用したマーケティング情報の提供サービス 3、前各号に付帯する一切の事業
発行可能株式総数	100株
発行済株式の総数並びに種類及び数	発行済株式の総数　100株
株券を発行する旨の定め	当会社については、株券を発行しない
資本金の額	金200万円
株式の譲渡制限に関する規定	当会社の発行する株式を譲渡によって取得するには、取締役会の承認を要する
役員に関する事項	取締役　新星　一郎 取締役　藤木　二郎 取締役　関根　俊輔 代表取締役　関根　俊輔 監査役　村形　聡
取締役会設置会社に関する事項	取締役会設置会社
監査役設置会社に関する事項	監査役設置会社
登記記録に関する事項	――

〈手間〉の
メリット・デメリット

4 07

事業の売買は会社のほうがやりやすい

個人事業は他人に事業を売るケースはあまりありません。メリットが小さいからです。会社なら売買はスムーズに、適正に行えます。

◉会社は事業の価値をつけやすい

独立後、商売をつづけていると「自分たちの事業には、いったいどれくらいの価値があるのだろうか?」と疑問がわいてくることもあるでしょう。

例えば、あなたがこれから飲食店を経営して、店が繁盛すれば、資本の大きな会社から「店を売らないか?」というオファーがあるかもしれません。また将来、事業の後継者がいない場合や、違う事業を始めたいときなども、事業の売却を検討する必要があります。

事業を売却するには、その事業の価値を客観的に判断することが必要です。

企業価値は、単なる会計上の資産・負債の金額、それに単年度の収支のみをモノサシにするのではありません。売上高や将来性、創立からの年数、地域でのシェア、企業名や商品のブランド価値などを総合的に見て判断します。これらを「営業権」とか「のれん」などといいます。

個人事業の場合、自分自身が商売そのものですから、事業主がいなくなればたいていは店じまいするしかありません。

しかし、会社なら、たとえ社長の卓越した技術や個性が評価されて事業を行ってきても、対外的には会社という法人格を前面にアピールしつつ運営しています。そのため、会社組織が社長の個人的な能力も包括して、集団としての価値をもつようになりま

す。この集団としての価値を売買できるのが、会社組織の強みです。

◉個人事業は権利関係の見直しが面倒

厳密にいえば、個人事業でも事業の売買は成立します。ただ、個人事業では不動産の所有が個人名義になっていたり、外部との契約も個人名で取り交わされているものです。そのため、これらを買い取るといっても、買い取った側は実質的に新しく事業を起こすのとほぼ同じ労力を要してしまいます。

また、個人事業の場合は事業とプライベートとが複雑にからみあっていますから、権利関係（売買時点の売掛金や借入れ、屋号、許認可など）の整理を行うときに手間がかかります。その点、会社ならこれらのことがじつにスムーズに行えます。

個人事業と同様に、会社の権利関係の見直しは必要になりますが、それらの取引は会社名を使って契約しているのでそれほど面倒なことはありません。

そのため会社自体の売却、つまり**発行している株式の譲渡によって、事業自体を容易に売買できる**のです。

その際に、株価の算定もカンタンにできます。会社が公表している「**損益計算書**」や「**貸借対照表**」などの資料をもとに計算すれば、マトはずれな結論には達しません。会社にすれば、将来的には切り売りもできるし、まるごと売却することもできるので便利です。

会社のほうが事業を売りやすい！

〈手間〉の
メリット・デメリット
4
08 事業承継は会社のほうがラク

個人事業主が死亡すると、遺産相続が決まるまで故人の銀行口座は凍結されます。また遺産の評価も会社とは大きく異なります。

◉故人の口座は一時的に凍結される

「個人商店を営む先代が突然、死亡してしまい、故人名義の口座が凍結されて事業資金が融通できずに困っている」――こうしたケースは実際に多いものです。

個人事業の場合、プライベート用に使う預金口座も、事業用に分けておいた預金口座も、どちらも一個人の資産です。そのため、死亡したときにそれらの遺産を誰が相続するのか、**「遺産分割」が決まるまでは原則、口座からお金を引き出すことができないのです。**

その口座を使って得意先から入金してもらったり、仕入先へ支払ったりすることもできません。

また、商売上の契約条項も、**すべて引き継いだ跡取りの名前で再契約しなくてはならない**ので、大変な手間がかかります。

これに対して、会社なら社長が亡くなったときも安心です。会社が所有する財産は、当然、会社に所有権があるからです。**社長が亡くなっても会社の口座は凍結されない**ので、いつもどおりにお金を出し入れできます。また、株主総会を開いて、次の社長を決めて登記すれば、新しい社長に業務執行権が移るので、**契約なども社長名を変更するだけで済みます。**

つまり、会社にしておけば代表者が死亡しても事業への影響は少なくて済むわけです。

◉相続税の計算の仕方が違う

相続税の計算で、どうしても必要なのが「財産の評価」です。原則的に、残された財産は死亡した日の「時価」を基準に課税されます。このとき、個人事業と会社では評価の中身が大きく違います。

個人事業の場合は、事業用の財産であろうとプライベートの財産であろうと、**残されたすべての財産が相続の対象**となります。

一方、会社を所有している人が死んだときは、プライベートな財産と、所有している会社の「株式」が相続の対象となります。

個人事業主が死亡すると
銀行口座は一時的に凍結される!

◉株式の評価方法

株主が所有する株式の評価の仕方は、大きく2つの方法があります。

1つは、会社の資産と負債を、株の所有者が死んだときの時価で計算した差引純資産額をもって評価する「**純資産価額方式**」。

もう1つは、自分たちの業種と同じ商売をしている上場企業の株価を参考にして評価する「**類似業種比準方式**」です。

一般的に、規模の小さな会社は純資産価額方式を用い、中くらいの会社は純資産価額方式と類似業種比準方式を併用、そして大きな会社は類似業種比準方式を採用します。

ちなみに、純資産価額方式は、会社が儲かっていなければいないほど、株の評価が下がるようになっています。そのため、相続税の節税対策として純資産額を低く抑えるためにこれを用いるケースがあります。

◉死亡保険金の扱いにも差が出る

故人の財産には**生命保険**（**死亡保険**）の保険金もあります。この生命保険は、契約者が個人か会社かによって相続時の取り扱いが異なるので注意が必要です。

個人事業の場合は、毎年支払う生命保険料は、事業の経費として認められません。

一方、会社の場合は、貯蓄性が低い商品なら**生命保険料を会社の経費にすることができます**（74ページ参照）。

では、相続税とはどのくらい課せられるものか、見ていきましょう。

個人が契約した保険金には非課税限度額があり、同居する相続人1人当たり500万円までは相続税の課税対象になりません。

非課税限度額を超えた部分の**死亡保険金**のみが課税対象となります。

一方、会社が契約し、会社が受取人になっている保険金は、社長個人の相続税の対象にはなりません。しかし、受け取った年度の利益になるので、法人税が課せられる場合があります。

そのため、保険金が支払われるときに、もし事業の赤字を繰り越していればその分と相殺したり、**死亡退職金を支給して遺族にお金を渡し、会社にはその分の法人税が課されないようにすることができます**。

この死亡退職金は、生命保険の保険金と同じく、同居する相続人1人当たり500万円までが非課税になります。

◉相続性の非課税枠

そもそも、相続税には一定の非課税枠があります。

相続税の基礎控除額の計算式は、「3000万円＋600万円×法定相続人の人数」となっています。

例えば、相続する遺族が妻と子供2人の場合、4800万円までは相続税がかからない計算になります。

しかも、この基礎控除額以外にも、先ほどの生命保険金と死亡退職金の非課税枠があるので、会社で生命保険に入り、死亡退職金を活用することで、個人事業よりも節税が可能になるのです。

死亡した場合の相続の対象

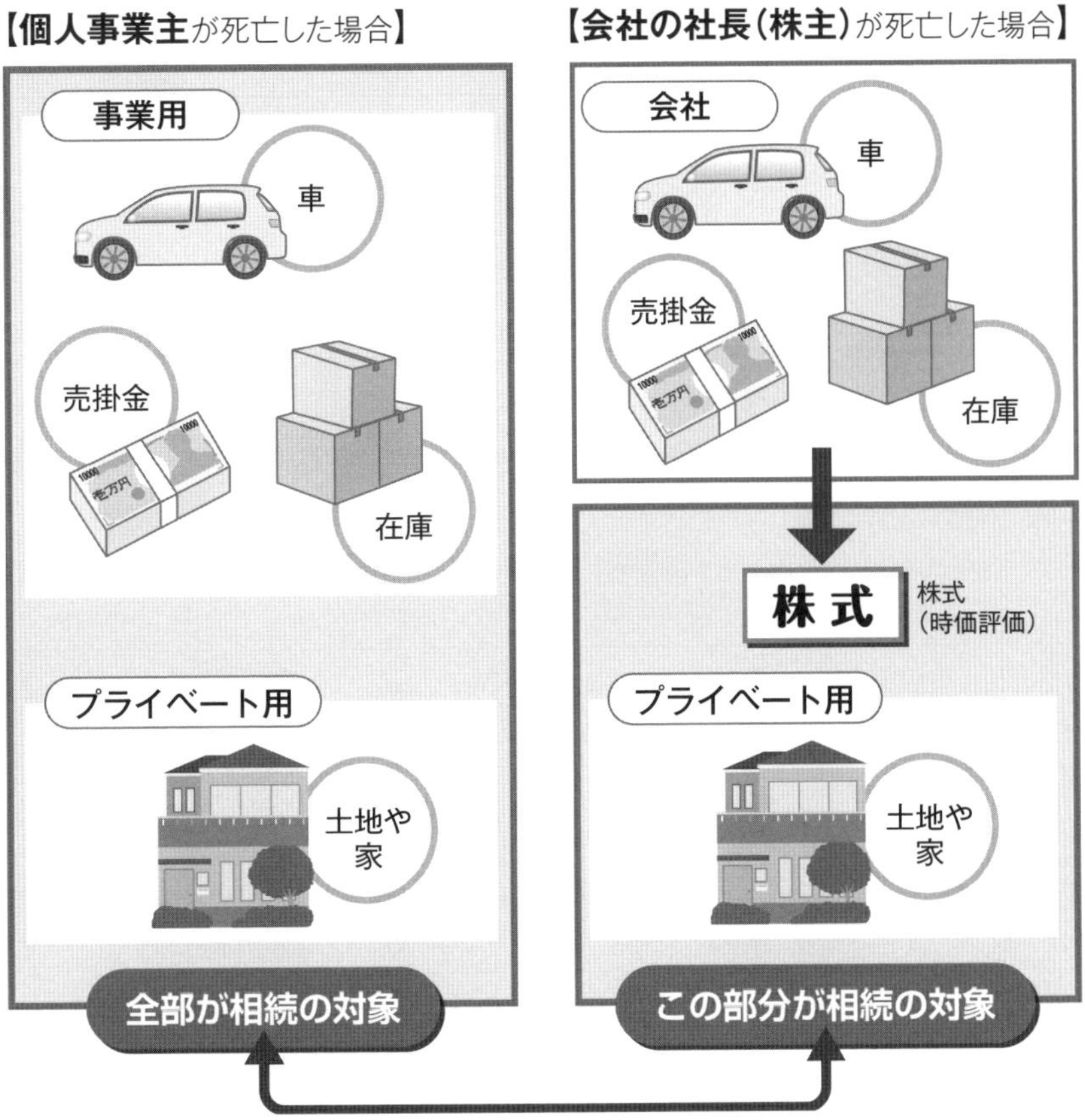

09 廃業するのは個人事業のほうがラク

会社を廃業するには解散・清算の手間がかかります。一方、個人事業を辞める場合には、それほど面倒なことはありません。

◉悲しく大変な会社の結末

どんな人でも、自分がつくった会社は末長くつづいてほしいと願うものです。

でも、どんなにすぐれたカリスマ社長でも、商売が100%うまくいくという保証はありません。

個人事業ならば、商売に失敗すれば「廃業」するしかありません。廃業といっても、そのための手続きは最後の年の収入に関する確定申告をするくらいなので、それほど大変ではありません。

ところが、会社を失敗させてしまうと、その後始末はものすごく大変です。

原則的には、法律に従って**会社を「解散・清算」しなくてはなりません**。つまり、会社に残っている財産を清算して、「抹消登記」の手続きを行います。

この事務処理には手間がかかるので、開業時と同じく税理士や司法書士などの専門家に任せることが多いものです。ましてや、破産や民事再生ともなれば、弁護士に依頼しなくてはならず、負担は大きくなります。

もう1つ知っておきたいのは、会社を清算するときに帳簿上の資本以上の財産が残っていた場合、それに対して課税されてしまうことです。

実際には、解散のみ行うとか、解散も清算も行わずに「**休眠会社**」として名前だけを残しているケースが多いようです。

また、事業に失敗して自分は別の会社に就職したにもかかわらず、会社として借りた借金を返すためだけに法人格を残し、税務申告していないケースも少なくありません。しかしそのようなやり方は、はっきりいって違法です。

また、法人格が残っている以上、「法人住民税の均等割（49ページ参照）」という、赤字でも課税される税金の納税義務は毎年発生します。会社をつくって失敗すると、その代償は大きくつくのです。

通常の会社をたたむスケジュール

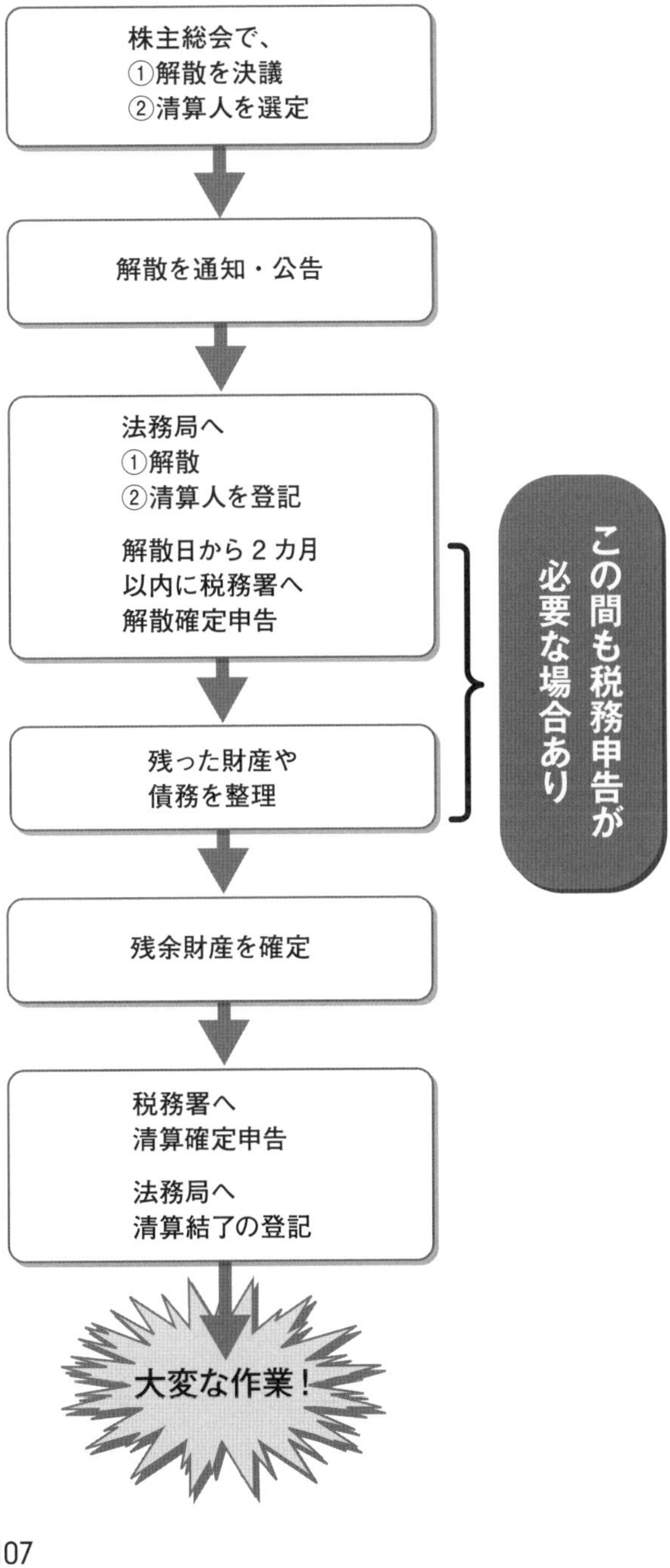

コラム #3

手間のかかる事務はプロに頼もう

個人事業も、会社も、経理の手間は避けられません。お金の流れを把握するために、1つひとつの取引はすべて「会計帳簿」にまとめておかなくてはなりません。

会計帳簿のうち、毎日の支出の明細を記録する「現金出納帳」くらいなら、手書きでも十分に作成できます。でも、「総勘定元帳」ともなると大変です。勘定科目ごとに、交際費の日付順の一覧や、売上の一覧、預金の増減の一覧などを、簿記のルールに従って取りまとめなくてはなりません。

また、これらの帳簿の作成は、青色申告等の要件に合致させるためにどうしても必要なことです。

ところが、経営者の中には、市販の会計ソフトを購入して、この作業を家内従事者やパートの経理担当者に押しつけているケースも少なくありません。

商業高校などで簿記に携わった経験がある人なら、なんとか作成できるでしょう。でも、相当な時間と労力が必要です。

そんなことなら、面倒な事務はそれを専門に行っているプロに頼んでしまったらどうでしょうか。

「専門家に依頼すると、結構なお金がかかってしまうのでは？」と、ためらう人もいるでしょう。でも、プロを使ったほうが正確な仕事をしてくれるし、時間効率もいいはずです。社内で、シロウトが右往左往しながら作成するくらいなら、多少のお金を払ってでもプロに頼んだほうがずっとメリットがあります。

経理に限らず、開業後の諸届けの提出など、自分でやるよりもプロに任せたほうがいいことはたくさんあります。社長のあなたが経営に集中できるように、適材適所のアウトソーシングを行うことをオススメします。

第5章 〈信用・その他〉のメリット・デメリット

事業の信用を得たいなら?

会社 のほうが有利 ▶ P.110 参照

資金調達をするなら?

会社 のほうが有利 ▶ P.114 参照

助成金を受けるなら?

個人事業 も 会社 もOK ▶ P.116 参照

従業員を募集するなら?

会社 のほうが有利 ▶ P.118 参照

01 商売上の信用は会社のほうが有利

会社は登記されて、だれでも事業の重要事項を知ることができるため信用が得られます。個人事業とは取引をしない顧客もあります。

◉商売は信用が第一

会社をつくることで得られる、副産物的なメリットといえば「信用」でしょう。商売は信用を得ることから始まります。お客様は、相手を**信用できなければ継続的な取引をしてくれません**。

長いつきあいのお客様なら、それまでに培った実績があるので、しっかりと信用を得ているはずです。でも、初めて取引をする相手から信用を得るのは、そうカンタンなことではありません。

新規のお客様は、あなたがどんな相手なのかわかりません。商いの規模や、どんな人が経営に関わっているのか、万一のときにだれが責任をとるのかなど、大事なことがわからなければ信用できません。

その点、会社をつくっておけばメリットがあります。一般的に、個人事業よりも会社のほうが信用を得られます。それはなぜでしょうか。

その答えは、ズバリ、**「登記」されているからです**。登記されていれば、だれもが会社の重要事項をいつでも閲覧可能です。所在地がわからないこともありませんし、だれが責任者で、いつから、どんな商売をしているのかは、登記事項を見れば一目瞭然です。だから信用が得られるのです。

最近では「登記情報提供サービス」といって、パソコンさえあれば、だれもが会社の登記事項をカンタンに入手することができます。

会社法の改正以降、会社は資本金1円でもつくれるようになりましたが、それではあまりにも自己資本が少なく、財務内容に不安がある会社も少なくありません。

それでも「会社という法人格をつくるほどの意気込みで、商売に真剣に取り組んでいる」という姿勢が、昔も今も変わらず信頼される条件となっているのでしょう。

◉大手企業は会社としか仕事をしない？

また、大手企業などの中には、**個人事業とは仕事をしないケースがあります**。

たとえ、これまでにいい仕事をしてきた実績があっても、「上司を説得できない」「前例がない」といった理由で断られてしまうケースはよくあります。特に、業績がふるわないため、取引先を絞り込むためにこのことを名目上の理由として取引に応じないケースもあります。

大きな会社は保守的になりがちで、リスクをとることをイヤがります。そのため残念ながら、個人事業とは仕事をしたがらない傾向があるのです。

法人としか取引をしない会社もある！

5 02

借金の返済からはどちらも逃れられない

借金の返済義務は、個人は無限、会社なら有限です。ただし会社の借金を社長個人が連帯保証した場合はその限りではありません。

◉資金繰りは何よりも重要

事業を行っていると、仕入代金や諸経費、従業員への給料、借入金の返済など、さまざまな支払いが発生します。そのため、いわゆる「資金繰り」を上手に行うことが大切になります。

よく勘違いされるのですが、資金繰りが悪くなるのは業績が悪化したときばかりではありません。事業は順調でも、設備投資や人件費の増大によって必要なお金がかさみ、経営に行き詰まってしまうこともあります。そうなれば、最悪、事業をやめなくてはならないかもしれません。

資金繰り、資金調達は、事業を行う人にとって何よりも重要なことです。

◉借金の返済は誰の責任？

では、資金調達のために金融機関などから借金をした場合、個人事業と会社では、返済に関してはどんな責任の違いがあるのでしょうか。

個人事業の場合、商売上の借金もプライベートの借金も、同じ個人の借金になります。そのため、いくら商売をするのに必要な借金だったとしても、借り主である個人は返済の義務をまぬがれません。

その点、会社なら商品の仕入代金や借金などは、会社が支払うべきものです。そのため、もしも支払いが遅れたとしても、それはすべて会社の責任であり、社長をはじめとする役員などの個人にその責任は及びません。

また株主も同様に、出資した範囲内での責任にとどまります。ですから、会社が破産しても、形式的には社長個人に借金の返済義務は生じません。

◉連帯保証した借金は逃れられない

ただし、高額な仕入代金の決済や、金融機関からの借金など、**社長個人の「(連帯)保証」がついた場合はその限りではありません。**

一般的に仕入先は、多額でなければ買掛金の決済に保証人をつけることまでは要求してきません。しかし、不動産の賃貸借や、金融機関からの借入では、ほとんどの場合、会社の契約に社長個人の連帯保証をつけることが条件とされます。そうなると、会社が支払えないときはその身代わりとして、社長が個人的に返済をしなくてはなりません。

そう考えると、個人事業も会社も、借金の返済義務の程度は同等、と考えていいでしょう。

個人事業と法人の債務の責任

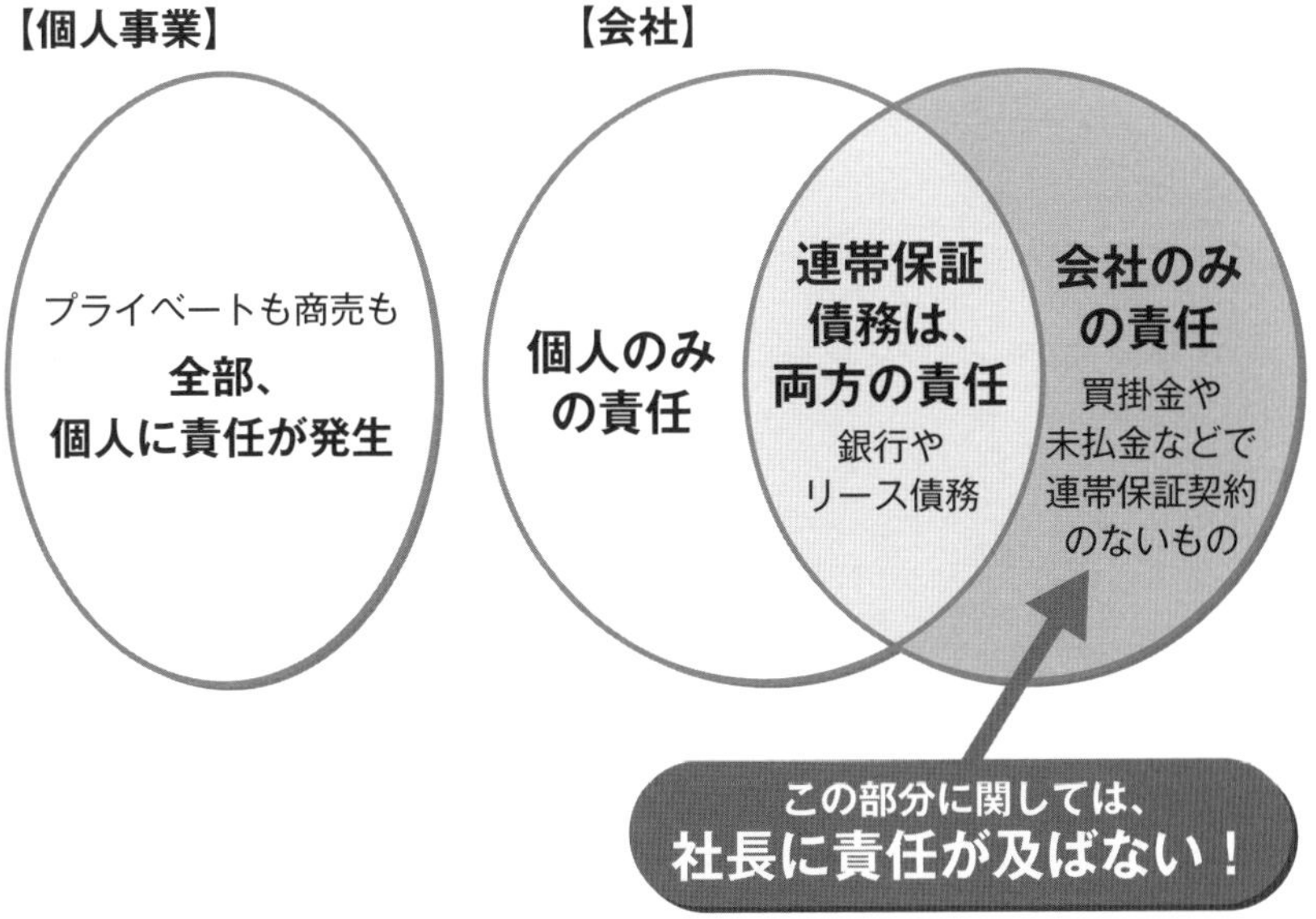

【個人事業】
プライベートも商売も
全部、
個人に責任が発生
【会社】
個人のみの責任
連帯保証債務は、両方の責任
銀行やリース債務
会社のみの責任
買掛金や未払金などで連帯保証契約のないもの
この部分に関しては、
社長に責任が及ばない！

03 資金調達は会社のほうが有利

金融機関などから融資を受ける際には財務諸表の提出が求められます。会社はこれを毎期作成しているのでスムーズに対応できます。

◉銀行融資を受けるには財務諸表が必要

事業資金を調達するには、外部から出資してもらう方法や、借金をする方法があります。

このうち、出資という考え方は個人事業ではないと考えるべきでしょう。会社の場合のみ、株券や債券を発行することで外部から出資金を集めることができます。

また、金融機関などからお金を借り入れる場合も、会社のほうがダンゼン有利です。

例えば、お金の貸し出しを行う際に、金融機関は相手の事業がどんな状況かを精査します。財務状況を見るときは「今、いくら儲かっているか」ではなく、「将来に向けて、あとどのくらい余力が残っているか」を重視します。

その判断の資料となるのが、**貸借対照表や損益計算書などの「財務諸表」**です。

会社であれば、これらの会計資料は毎期作成しているのですぐに提出できますが、個人事業ではそうはいきません。会社のほうが融資を受けやすい理由は、こんなところにもあります。

◉信用保証協会による保証

また、金融機関や自治体の制度融資を受ける際には、**信用保証協会の保証を求められる**場合があります。

信用保証協会とは、融資を受けた会社が返済できなくなったときに、それを肩代わりしてくれる公的な機関です（東京信用保証協会など都道府県ごとに設置）。

協会から保証を受ける場合には「信用保証料」が発生し、その料率は財務諸表の内容が基準となります。しっかりと作成した会社ほど、保証料や利息は低くなります。

保証協会の利用という点から考えても、資金調達は個人事業よりも会社のほうが有利なことは間違いありません。

融資で重視される貸借対照表と損益計算書

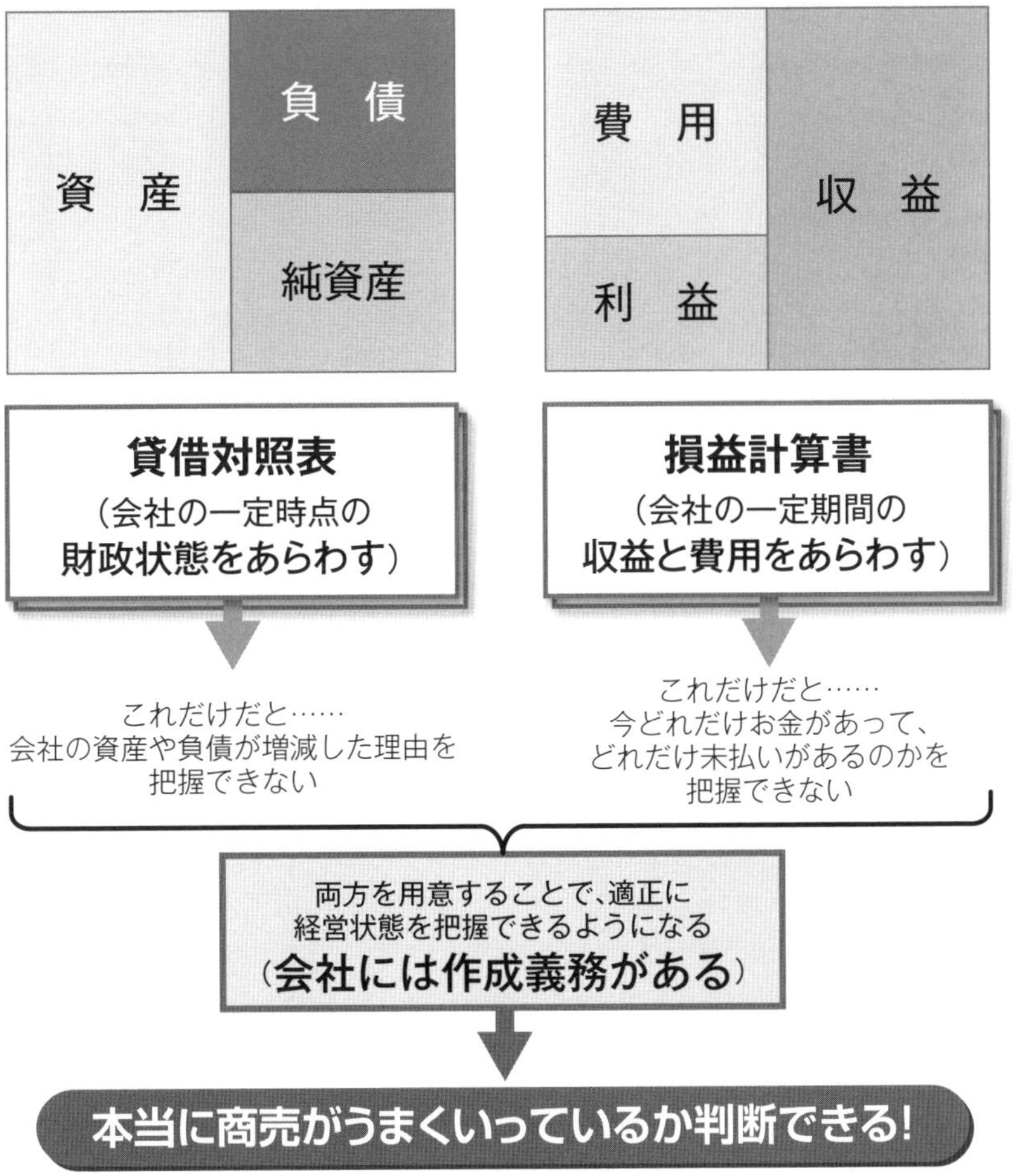
資産
負債
純資産
費用
利益
収益
貸借対照表
（会社の一定時点の財政状態をあらわす）
損益計算書
（会社の一定期間の収益と費用をあらわす）
これだけだと……
会社の資産や負債が増減した理由を把握できない
これだけだと……
今どれだけお金があって、どれだけ未払いがあるのかを把握できない
両方を用意することで、適正に経営状態を把握できるようになる
（会社には作成義務がある）
本当に商売がうまくいっているか判断できる！

04 助成金は個人事業も会社も利用できる

助成金は個人事業も会社も利用できます。ただし社会保険への加入など条件がある場合は、個人事業では利用できないこともあります。

◉「助成金」とは何か?

借入や融資のほかにも、事業に必要なお金を調達する方法があります。

それが「**助成金**」の利用です。

助成金とは、雇用の創出や研究開発などのために、国や地方自治体が「タダでくれる、返済不要のお金」です。

助成金は「補助金」とも呼ばれ、一般的に雇用関係は厚生労働省が、研究開発関係は経済産業省が中心となって運営しています。

近年は景気不振を反映して、失業者対策や経済活性化策としてさまざまな種類の助成金が用意されています。

◉助成金は個人事業でも利用できる

基本的に、**助成金は個人事業でも会社でも利用できます**。とくに雇用に関しては、個人事業でも会社でも利用できるものがほとんどです。

ただし、ものによっては**社会保険に加入していないと利用できない助成金**があります。

個人事業の社会保険は、5名未満の従業員を雇っているところは任意加入であり、強制加入ではありません。人を雇うと、社会保険料の支払額は決して安くないので、個人事業では未加入のケースが多いのです。そうなると、利用できる助成金は限られてしまいます。

会社の場合は、社会保険は強制加入ですから、(きちんと加入さえしていれば）心配ありません。

◉雇用関係の助成金には注意が必要

雇用対策に関わる助成金は、そもそも雇用の創出による事業主側の人件費の負担をやわらげて、それにより失業者数を減らすことを目的としています。

事業が大きくなるにつれて、従業員を増やす必要が出てきたときに、この助成金は役立ちます。

ただ、個人事業が利用する場合に、1つ注意しておきたいことがあります。それは、事業が順調に拡大して、新たに法人成り（個人事業から会社を設立すること）するときです。

その際に「これまで雇ってきた従業員を、助成金を利用して雇いつづけよう」と考えたとして、それが助成金の目的である「新たな雇用の創出」にあてはまるかという問題です。そうと認められなければ、助成金は受けられません。

また、助成金は種類が豊富なうえ、申し込みの手続きが複雑なため、せっかく利用できるのにうまく使えていないケースが少なくありません。

そんなときは、社労士や税理士などの専門家に相談することをオススメします。タダというわけにはいきませんが、彼らに支払う以上のお金が、助成金として戻ってくる可能性はおおいにあります。

助成金は国などが所管する支援金！

05 従業員の募集は会社のほうが有利

優秀な人材を集めるなら会社のほうが有利です。求職者は給料や待遇のいい働き口を探しており、個人事業では安心できません。

◉安心・安定をのぞむ人が多い

近年は雇用状況がかんばしくないため、仕事に安心や安定をのぞむ人がいっそう増えています。

個人事業で働くよりも、会社に入って**「正社員」として働きたい人が増えている**のです。

また、「社会保険」の加入を条件に求職する人も少なくありません。

個人事業は、健康保険を市区町村が管轄する「国民健康保険」でまかない、年金は「国民年金」のみに加入しているケースがほとんどです。個人事業は原則、常時5名以上の従業員を雇い入れている一部の業種にかぎって、社会保険への加入が義務づけられています。

また個人事業は、従業員を社会保険へ加入させることはできますが、当の事業主本人は「対象外」です。

こうした理由から、個人事業では人件費の負担が増えてしまう社会保険への加入を足踏みしているケースが多いのです。

一方、会社の場合は、たとえ社長1名だけの会社であっても、社会保険への加入が義務づけられています。

以上のことから求職者は「会社組織でないところは、社会保険に入っていない」という見方をするため、求人募集では絶対的に会社のほうが有利になる傾向があります。

◉優れた人材は個人事業には集まらない？

せっかく従業員を雇うのなら、優秀な人を採用したいものです。でも、例えば有名な大企業で働いていたような人たちは、個人事業主の下で働く気にはなれないものです。

なぜなら、そうした人は以前に勤めていた会社から受けていた福利厚生制度や有給休暇、残業手当などを、新たな就職先でも求める傾向があるからです。

仕事ができる人が求めるのは、お金や地位、待遇、そしてやりがいです。ところが残念ながら、個人事業ではそれらを与えることはカンタンではありません。個人事業では、優秀な人材を手に入れる可能性が低いのです。

それが、まがりなりにも会社組織という体裁を整えていれば、優秀な人が応募してくる可能性は広がります。「会社なら、労働基準法に従って安心な職場環境ができているだろう」と思うからです。少なくとも、応募対象として認められるはずです。

優れた人材を集めるには、やはり個人事業よりも会社のほうが有利なのです。

求職者は仕事に安心や安定を求めている！

コラム #4

信用がなくてもお金は借りられる!?

独立・起業して、何が大変かといえば「資金繰り」です。事業がうまくいけばいったで、逆に失敗したら失敗したで、何かとお金が入り用になります。

では、手元にお金がなくなったら、あなたはどうしますか？

「銀行なんかに借りないで、自分の力でなんとかする」と誓っている方は、正解です。その気持ちを持ちつづけて、がんばってください。

ところで、どうして銀行は、小さな会社にもお金を貸してくれるのでしょうか？

それは「利息」という収入を得ることが彼らの商売だからです。

でも、「この会社はちょっと危ないな」という会社にまでお金を貸しているのは、なぜでしょうか？

それは、貸したお金が戻ってこないときのために、誰かに「保証」をしてもらっているからです。

危ない企業にも保証してくれる、強力な助っ人とは誰なのか。

――その正体は「信用保証協会」です。

この協会は各都道府県に設置されていて、中小企業が銀行からお金を借りるときにその保証をしてくれます。そのため、小さな会社でも円滑な借入れができるのです。

もちろん、会社は協会に対して「保証料」を支払わなくてはなりません。この保証料の支払いは、通常、保証を受けるときに行います。

もしも、あなたが銀行に融資を頼んだときに、「信用保証協会の保証が必要です」といわれたら、あなたの会社は銀行にとって「ちょっとだけリスクのある会社」に映っているといえます。それでも、保証があればお金は借りられるのですから、イザというときのために、信用保証協会のことを調べておいて損はありません。

第6章 〈社会保険〉のメリット・デメリット

健康保険は何に入るのか？

個人事業主 は国民健康保険、

社長 は社会保険の健康保険▶P.124 参照

年金保険は何に入るのか？

個人事業主 は国民年金、 社長 は厚生年金

▶P.128 参照

雇用保険はどうするのか？

個人事業 も 会社 も人を雇えば加入する

▶P.134 参照

労災保険はどうするのか？

個人事業 も 会社 も人を雇えば加入する

▶P.136 参照

〈社会保険〉の
メリット・デメリット
6 01

社会保険の加入は個人事業と会社で異なる

ケガや病気、老後の生活資金の備えとして入る「社会保険」は、個人事業主と会社の社長では入る保険の種類が異なります。

◉将来のリスクに備える社会保険

今は元気でバリバリ仕事をしていても、私たちの生活には、つねにさまざまな「リスク」がつきものです。

例えば将来、あなたが病気になったり、ケガをしたときには、治療や入院のためのお金が必要になります。あるいは、突然、仕事を失ってしまい、収入が途絶えてしまうことだってあるかもしれません。

そうしたリスクに備えるために、社会保障として国が強制的に加入させる保険を、広い意味で「**社会保険**」と総称しています。

もちろん、今はサラリーマンのあなたも、会社を通じてさまざまな社会保険に加入しています。そして、いざというときに備え、その保険料を支払っているのです。

◉狭義の「社会保険」とは何か？

この広い意味での社会保険には「医療保険」「年金保険」「雇用保険」「労働者災害補償保険（労災保険）」の4つがあります。

ただし、社会保険という言葉は、もっと狭い意味でも使われます。

それは会社から給与をもらっている人、すなわちサラリーマンが加入する社会保険を指す場合で、これに該当するのは「**健康保険**」と「**厚生年金保険**」の2つです。そして、雇用保険と労災保険の2つについては、合わせて「**労働保険**」と呼ばれています（したがって、以後、本書でいう社会保険とは、健康保険と厚生年金保険の2つを指す狭義のものとします）。

ちなみに、40歳以上の人が加入する「介護保険」は、健康保険料といっしょに徴収されるので、本書では同じ扱いをすることにします。

◉個人事業は国保と国民年金に入る

ここで注意が必要なのは、**個人事業主自身は社会保険の健康保険と厚生年金保険には加入できない**ことです。

その代わりに、医療保険として「**国民健康保険（国保）**」に、また年金関係では「**国民年金**」に加入することになります。

一方、会社にした場合には、**社長はサラリーマンと同じく健康保険と厚生年金保険に加入**します。

次ページから、これらの内容を見ていきましょう。

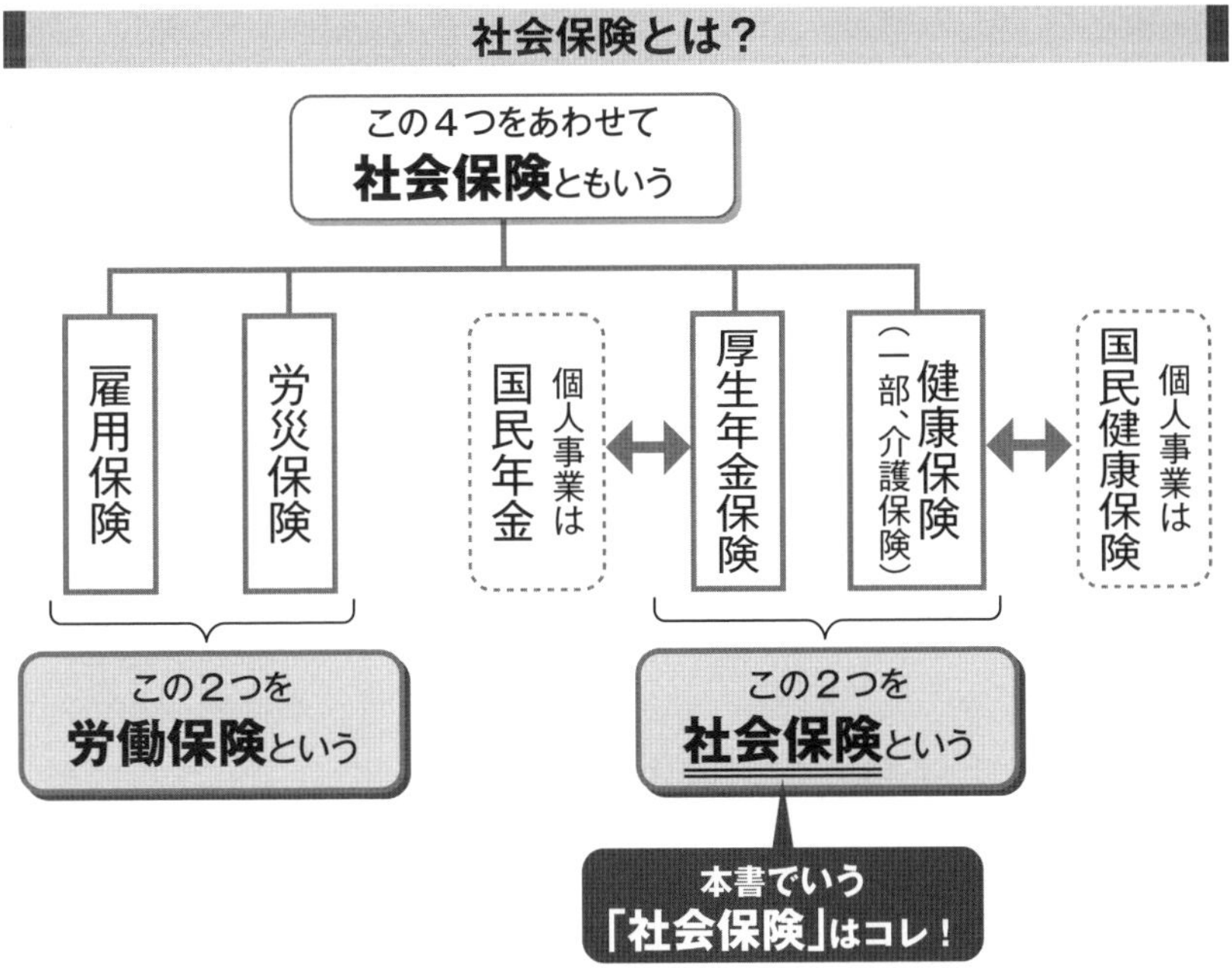

02 個人事業主は国民健康保険に、社長は健康保険に入る

会社の社長が入る健康保険は、高い保険料を払わなくてはなりません。その代わり、傷病手当金や出産手当金などメリットもあります。

◉「国民健康保険」とは何か？

公的な医療保険としては、個人事業主は「**国民健康保険**」に加入し、会社の社長なら**社会保険**の「**健康保険**」に加入します。

ただし、現在会社に勤めている人で、会社で社会保険に入っている場合は、「任意継続」という制度を利用すると有利な場合があります。これは会社を辞めて被保険者の資格を失ったときに、希望すれば保険料を全額自己負担することで資格を得られる制度です。

一般的に個人事業主が加入する国民健康保険（以下「国保」）は、加入者が住んでいる市区町村が運営しています。

保険への加入は世帯ごとに行い、同一世帯の1人ひとりが被保険者となります。

また保険料の請求は、その世帯のすべての被保険者の分を合算して、世帯主に対して一括で行われます。納付する時期は、毎年6月頃から最大で10回に分けられます（一括払いも可能）。

気になる保険料ですが、その世帯の所得や資産、人数、さらに市区町村の財政状態などによって変わります。例えば、夫婦が別々に収入がある場合、どちらか1人が社会保険の健康保険などに加入していなければ、合算した金額で請求されます。ただし、保険料の最高限度額が設定されており、現時点では年間で96万円前後が最も高い年間保険料となります

（近年は増額される傾向にあるので注意が必要）。

◉社会保険の「健康保険」とは何か？

一方、会社の社長が加入する、社会保険の**健康保険**（以下「健保」）は、厚生労働省が管轄する全国健康保険協会という組織が運営しています。

健保への加入は、**会社に勤めて給与をもらう人ごとに行い、その当事者が被保険者となります**。そして被保険者の家族のうち、被保険者の収入に頼り、一定の条件を満たす者は「被扶養者」と認められて、被保険者の保険証が使えます（保険料はかからない）。

この保険料は、**被保険者と勤務先の会社が折半して支払います**。被保険者の給与から天引きし、さらに会社が負担する分を足した料額が、会社の口座から毎月引き落とされるのです。

具体的な保険料は、全国健康保険協会の都道府県の各支部で決定されます。全国的に健保の保険料率は10％前後。これに介護保険の料率1・82％

国民健康保険と健康保険（社会保険）の違い

国民健康保険

- 年金は国民年金に加入する
- 保険料は全額自己負担
- 所得に関係なく世帯加入ができる

保険料は、世帯ごと、加入人数、世帯の総収入で計算される

健康保険

- 年金は厚生年金保険とセットで加入する
- 保険料は勤務先の会社と本人（被保険者）が折半して支払う
- 一定の年収を超えた扶養家族は加入できない
- 扶養家族の人数は保険料に関係ない

（2023年3月分）を合わせると、給与の約12％ものお金が健康保険料に消える計算になります。

しかもこの保険料率は、今後、人口減少とともに上がる見通しが高いので、会社をつくる際には相当の負担を覚悟しなくてはなりません。

◉国保と健保では保険料が大きく違う

国保と健保の最も大きな違いは、支払う保険料額です。国保の保険料の最高額は年間約93万円。これに対して健保は、給与額が高い人ほど負担が多くなる仕組みになっており、最も高い人（月収135万5000円以上）で、会社が負担する分と合わせると、なんと年間約192万円の保険料となるケースがあります。会社をつくって社長になり、そのうえ社員を雇い入れることになれば、相当額の保険料負担を覚悟しなくてはなりません。

一方、個人事業主が入る国保で注意が必要なのは、翌年度の保険料が前年の収入をベースにして決まる点です。

独立する直前までは、勤め先の会社から給料をたくさんもらっていた人も、独立した初年度はなかなか思うように収入が上がらないものです。それでも、国保の保険料や住民税は前年の年収をベースに課税されてしまうので、高い保険料を支払わなくてはならなくなります。

このことをしっかりと頭に入れておかないと、独立後にあわててしまいます。

◉健保にしかないメリットがある

さて、健保の保険料がいかに高いかはわかっていただけたでしょうが、その反面、健保でしか受けられないメリットもいろいろとあるのです。

例えば「**傷病手当金**」。

これは業務上の病気やケガ以外で仕事ができなくなったときに、もらえなくなった給与分の約6割を支給してくれるという、ありがたい制度です。

また、産前産後の女性が仕事を休まなくてはならず、給料がもらえない場合には、もらえるはずだった給料の額の約6割が、規定の日数分、支給されます。これを「**出産手当金**」といいます。

ただし、会社の役員になっている人は、休業中でも給与が支払われる可能性があり、その場合には、傷病手当金、出産手当金のいずれも、一部またはその全額が支給されないので注意してください。

このように、個人事業主が入る国保と、会社の社長が入る健保とでは、保険料額が異なるほか、いざというときに受けられる保障の中身にも違いがあることを覚えておきましょう。

参考までに、よく勘違いされることですが、医療機関などの窓口で支払う負担率は、国保も健保も同じ3割負担（一般成人の場合）です。健保のほうがトクだと思っている人もいるようですが、それは誤りです。

傷病手当金・出産手当金の受給条件と支給期間

傷病手当金

〈受給条件〉

①病気やケガによる療養のため、働けないこと

②連続する3日（待機期間）を含めて、4日以上仕事を休んでいること

③給料の支払いがない、または給料の額が傷病手当金よりも少ないこと

〈支給期間〉

支給開始日から、1年6ヵ月の範囲

出産手当金

〈受給条件〉

①被保険者が出産した（する）こと

②妊娠4ヵ月（85日）以上の出産であること

③出産のために仕事を休み、その間の給料の支払いがないこと、または、給料の額が出産手当金よりも少ないこと

〈支給期間〉

出産日（出産予定日よりも遅れた場合は出産予定日）以前42日（多胎妊娠は98日）から、出産後56日までの期間

03 個人事業主は国民年金に、社長は厚生年金に入る

社長が入る厚生年金保険は、支払う保険料が国民年金よりも高くなりますが、その分、受け取れる年金額も高くなります。

◉支払う「保険料」はどう違うか

公的な年金保険は、老後の生活を支えてくれる大切な制度です。

基本的に、社会保険の健康保険と厚生年金保険は、セットで加入しなくてはなりません。

つまり、社長をはじめ、会社から給料をもらう人は、医療保険は**健康保険**に、年金保険は**厚生年金保険**に加入します。

これに対して個人事業主は、社会保険には入れないので、**国民健康保険**と**国民年金**に加入することになります。

さて、国民年金と厚生年金との違いをひと口でいうと、「保険料を多く払って、年金が多く戻ってくる」ほうが厚生年金になります。

国民年金の毎月の保険料負担は約1万6520円で、**もし配偶者が職に就いていなくても、その分も納付義務が発生します**。

一方、厚生年金の毎月の保険料負担は、会社負担と合わせて、給与月額に約18・3％をかけた金額です。

例えば、月給40万円の場合、保険料は約7万5000円となり、これを会社と加入者本人が折半して納めます。

ちなみに、同じ条件で健康保険の保険料を計算すると、約4万7000円となり、合計の月額はなんと約12万円にもなります。

◉受け取る「年金支給額」はどう違うか

保険料の負担は大きいものの、厚生年金はこれに見合うように十分な給付が約束されています。

老後（年金の受給開始後）にもらえる年金額は国民年金の額を上回りますし、障害年金や遺族年金の支給額も、国民年金のそれを上回ります。

では、国民年金と厚生年金の受給額の違いを、ざっくりと比べてみましょう。国民年金を多くもらうコツは、納付月数を増やすこと。そして厚生年金を多くもらうコツは、納付月数もさることながら、お給料の月額を多くもらうことです。

まず、国民年金で受け取れる将来の年金額を試算してみましょう。

国民年金で最大もらえる額は、今のところ年額で約80万円です。これは40年、つまり480カ月間支払いつづけた場合です。

例えば、480カ月のうち360カ月分だけ支払ったのであれば、〈80万円×〈360カ月÷

厚生年金と国民年金の制度内容

	厚生年金保険	国民年金
手続き	年金事務所 （旧社会保険事務所）	市区町村
セットの健康保険	社会保険の健康保険	国民健康保険
保険料の負担	会社と折半	全額本人
配偶者の保険料	年収130万円未満の場合、負担なし	別に納める
従業員の保険料	折半分を負担	負担なし
毎月の保険料（総額）	約1万6,104円 ～11万8,950円	約1万6,520円
保険料の値上がり	今後もする	
保険料の負担免除	なし	あり
年金の受給時期	65歳～※今後、受給開始年齢が引き延ばされる可能性あり。	

480カ月〉＝約60万円〉となります。つまり、約78万円を最大として、保険料を支払った月数の割合に応じて支給されるのです。なお、今後は10年以上支払わなければ（免除期間を含む）いっさい支給されないので注意してください。

次に、厚生年金の受給額を計算してみます。

厚生年金は「定額部分」と「報酬比例部分」「加給年金」の3つに分かれます。ここでは、およその最低額を計算するので、「定額部分」は国民年金の支給額とほぼ同じとします。また加給年金はないものとします。

最後に残った報酬比例部分ですが、これは概ね〈平均の給料月額×7÷1000×支払った月数〉で試算できます。

例えば、平均月収が40万円で、360カ月分を支払ったのであれば〈40万円×7÷1000×360＝約100万円〉。国民年金と比べると、毎年約100万円も多く年金がもらえることになります。

もし、自分の納付月数がわからないとか、もっと詳細なシミュレーションをしたい場合は、日本年金機構から毎年送付されてくる「年金定期便」を見ると、より精度の高い試算ができます。

ところで、じつは残念なことに厚生年金には決定的なデメリットがあります。それは、60歳以降もなお社会保険に入りながら、立派に会社を運営していると、「在職者の老齢厚生年金」という制度にひっかかってしまうことです。

これは、社会保険に加入するくらい働いていて、給料をもらっている人には、なるべく年金の支給を我慢してもらいましょう、という趣旨の制度です。最悪の場合、年金をまったくもらえない時期も出てきます。

詳細は省きますが、この制度によって「もらえるはずの年金が、もらえない」ということがないように、受給開始年齢になる前に、給料の額を調整する必要もあります。

将来もらえる年金額を計算してみよう（概算）

将来もらえる年金 ＝ 老齢厚生年金 ＋ 老齢基礎年金

老齢厚生年金 ＝ 平均月給 円 × $\frac{7}{1,000}$ × 年金を支払った月数 カ月

老齢基礎年金 ＝ 約80万円 × $\frac{\text{年金を支払った月数}}{480}$ カ月

国民年金の加入者が受け取れる部分

年数（年）	25	30	35	40	
月数（カ月）	300	360	420	480	
平均月給	40 万円	40 万円	40 万円	40 万円	※1
老齢厚生年金	84 万円	100 万円	118 万円	134 万円	
老齢基礎年金	50 万円	60 万円	70 万円	80 万円	
もらえる合計	134 万円	160 万円	188 万円	214 万円	※2

※1：月収の平均が40万円と仮定した場合
※2：1年間でもらえる年金額をあらわしている

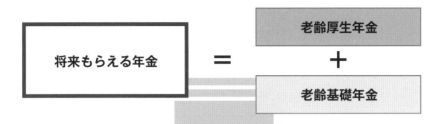

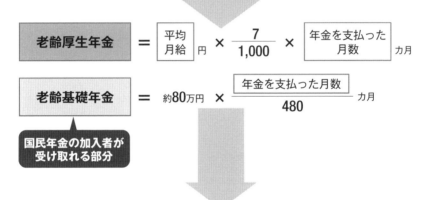

6 04

個人事業と社長1人会社では年金・健康保険料の差は？

年間トータルで見ると、会社社長のほうが個人事業主よりも保険料を多く払うことになります。

◉月給がいくらかで大きく異なる

個人事業主が支払う国民健康保険・国民年金の合計保険料と、社長1人だけの会社が支払う健康保険・厚生年金保険の合計保険料は、いくら違うのか見てみましょう。

左の表のとおり、健康保険も年金も、加入者の月給（月額標準報酬）によって、支払う保険料が違ってきます。

まず、健康保険の月額保険料で比べると、例えば月給30万円の会社社長が支払う健康保険料は、会社負担分と自己負担分を合わせて約3万円。一方、同じ月給30万円でも個人事業主の場合は、支払う健康保険（国民健康保険）料は約4・1万円となり、**個人事業主のほうが約1・1万円多く保険料を支払う**ことになります。

ところが、月給60万円となると話は違ってきます。月給60万円の会社社長の健康保険料（会社負担＋自己負担）は約6万円で、同じ月給の個人事業主の健康保険料は約5万円となり、**会社社長のほうが約1万円多く保険料を支払う**ことになるのです。

また、年金の月額保険料は、会社社長が支払う年金保険料（会社負担＋自己負担）のほうが、個人事業主が支払う年金保険料よりも多くなります。

結局、**年間トータルで見ると、会社社長のほうが個人事業主よりも保険料を多く払う**ことになります。

個人事業主と社長１人の会社の場合での社会保険料の差

●増加した社会保険料健康保険

健康保険（会社）		国民健康保険（個人）	増えた保険料
月給（月額標準報酬）	全額（会社負担額＋個人負担額）	保険料	
30万円	約3万円	約4.1万円	**約－1.1万円**
40万円	約4万円	約5万円	**約－1万円**
50万円	約5万円	約5万円	**0円**
60万円	約6万円	約5万円	**約1万円**

※介護保険料は無視
※健康保険料率：10％の場合
※国民健康保険料：地域によって異なるため平均的な金額を例示

●増加した社会保険料年金

厚生年金保険（会社）		国民年金（個人）	増えた保険料
月給（月額標準報酬）	全額（会社負担額＋個人負担額）	保険料	
30万円	約5.5万円	約1.6万円	**約3.9万円**
40万円	約7.5万円		**約5.9万円**
50万円	約9.2万円		**約7.6万円**
60万円	約10.8万円		**約9.2万円**

※厚生年金を支払った場合、将来「老齢厚生年金」をプラスして受けとれる
※厚生年金保険料率：18.3％の場合

●増加した社会保険料

月給（年収）	健康保険料	年金保険料	月の増加分	年間の増加分
30万円（360万円）	約－1.1万円	約3.9万円	約2.8万円	**約33.6万円**
40万円（480万円）	約－1万円	約5.9万円	約4.9万円	**約58.8万円**
50万円（600万円）	0円	約7.6万円	約7.6万円	**約91.2万円**
60万円（720万円）	約1万円	約9.2万円	約10.2万円	**約122.4万円**

※ただし、厚生年金を支払った場合、将来「老齢厚生年金」をプラスして受けとれる

〈社会保険〉の
メリット・デメリット

6 05

個人事業も会社も人を雇えば雇用保険に加入する

従業員を1人でも雇ったら、個人事業も会社も雇用保険に加入しなくてはなりません。ただし事業主とその同居する親族は除きます。

◉雇用保険の加入義務は？

雇用保険は、従業員を1人でも雇い入れたときには、個人事業でも会社でも、どちらも加入義務が生じます。

ただし、**事業の代表者であるあなた自身は雇用保険に入ることはできません。**

雇い入れた従業員のために、基本的に労災保険（136ページ参照）とセットでの加入が義務づけられているのです（雇用保険と労災保険をあわせて労働保険と総称する）。

保険料率は、「一般の事業」だと本人の負担が0・003、会社の負担が0・006です。

例えば、月給30万円の従業員なら、本人が負担する保険料は月額900円、会社負担分は1800円になります。

これなら経営者としても大きな負担にはならないでしょう。

従業員が安心して働けるように、事業主として必ず加入手続きを行いましょう。

◉雇用保険に加入できる従業員は？

注意したいのは、雇用保険はすべての従業員に適用されるものではないことです。

まず、**事業主と同居している親族の従業員は対象外**になります。

これは、事業主と親族は事業の利益を一にしていると考えられるため、制度の趣旨である「失業者の救済」に合致しないからです。

また、会社の代表取締役は加入できません。監査役や一部の取締役も加入できません。

例えば、共同で会社を起こして、共同経営者を取締役に選任した場合や、部下を役員に抜擢した場合などは、原則として加入させられないのです。どうしても加入させたい場合は、労働時間や報酬などがほかの従業員と同等であることを実態として立証できなければなりません。

◉雇用保険の加入は助成金の受給条件

雇用保険の加入は事業にとってもう一つ大きな意味があります。それは、ほとんどの助成金が雇用保険に加入している事業所であることを条件にしている点です。

将来、助成金を申請しようと考えている場合は注意しましょう。

雇用保険の給付の種類

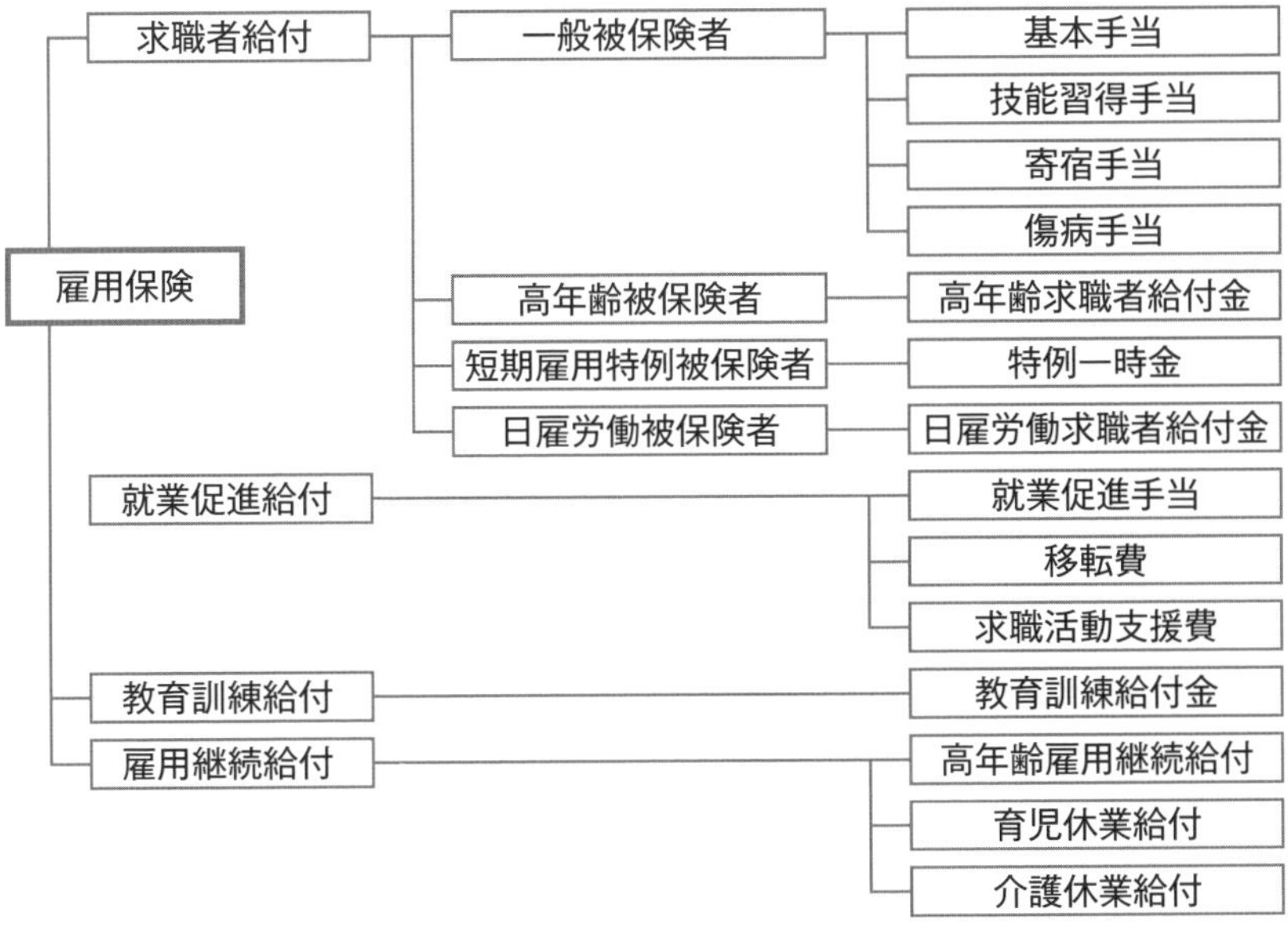

06 個人事業も会社も人を雇えば労災保険に加入する

労災保険は基本的に雇用保険とセットで加入します。事業主でも加入ができるように特別な制度が設けられています。

◉労災保険は雇用保険とセット加入

労災保険（労働者災害補償保険）は、**業務上および通勤中のケガや障害、死亡に対して必要な給付を行ってくれる制度**です。

管轄しているのは、各都道府県に設置してある労働局です。会社から給料をもらっている人は、業務以外の傷病ならば社会保険の健康保険を、業務中なら労災保険を利用することで、病気や事故に対応します。

労災保険は雇用保険と同じく、従業員を1人でも雇い入れたら加入しなくてはなりません。また建設業などで自分が元請けとなって外注先とともに現場に入る場合なども、個人事業、会社とも加入義務が生じます。

基本的に、労災保険は雇用保険とセットで加入しなくてはなりません。

また、事業主やその家族従業員が加入できない点も雇用保険と同じです。

でも、それでは経営者のリスクが余りにも高いと思われるでしょう。そこで特例として、労災保険に特別加入できる制度があります（個人事業主、会社社長とも）。

労災保険の加入は、イザというときの備えとしてとても大事なことです。

例えば、あなたが独立した後に、業務中に誤って足を骨折したとしましょう。労災保険に特別加入していなければ、治療費も、療養中の日額補償も支払われません。それどころか治療費は全額、自己負担です。

国民健康保険でも、社会保険の健康保険でも、業務上のケガには利用できないので、治療費はすべて自己負担となってしまうのです。

◉保険料はいくらになるか

労災保険の保険料の計算方法は、雇用保険と同じく、人件費に労災保険料率をかけるというシンプルなものです。

年に一度、雇用保険料とともに労働保険の年度更新の手続きを行うことで、1年間の人件費を労働局に申告します。

この保険料率は、業種ごとに定められ、建設業など事故の多い業種ほど高くなります。加入する前に、自分の業種の料率がどれくらいかを確かめておきましょう。

労災保険に入っていないと
仕事中のケガの治療費は自己負担に！

コラム #5

社会保険に未加入の会社が多い!?

これは、ある社会保険労務士から聞いた話です。

その先生は、社会保険への加入を促すため、未加入の会社を訪問して説明に回っています。

じつは、以前は従業員５名未満の事業所は、会社であっても社会保険は「任意加入」でした。

またその当時は、社会保険への加入は、会社側が社会保険事務所に「お願いして」入るような状況だったのです。

ところが法律が変わり、今ではすべての会社が社会保険に加入しなくてはならない、「強制加入」になりました。

社労士の先生は、そうした状況を説明し、加入を促すために会社を回っているのです。つまり、法律で義務づけられていながら、いまだに未加入の会社がたくさんあるということです。

加入を促す話をしても、最後には経営者から「業績が不安定で、社会保険どころじゃないよ。従業員の給料だってまともに払えやしないのに」と、嘆きの言葉が返ってくるそうです。

社会保険に加入すれば、当然、人件費が増えてしまいます。会社の負担が大きくなりますから、仕方のない話かもしれません。

新たに設立された会社の中にも、社会保険に加入していない事業所は相当数あるそうです。ただし最近は、加入依頼の通知や督促状、年金事務所への来所通知が、未加入会社のもとへ頻繁に届くようになっています。健康・年金、そして雇用・労災の各保険は、万一の備えとして大切です。あなたが独立したときは、ぜひ、加入するようにしましょう。

第7章 個人事業はこうして始める

Step 1 ▶P.140 参照

税務署などに開業届を提出する

↓

Step 2 ▶P.146 参照

納税に関わる諸届けを提出する

↓

Step 3 ▶P.150 参照

各種保険に関わる手続きをする

↓

Step 4 ▶P.152 参照

許認可に関わる手続きをする

01 税務署などに開業届を提出する

個人事業を始めるには、開業1カ月以内に管轄の税務署に、同2カ月以内に都道府県税事務所にそれぞれ開業届を提出します。

◉退職時に会社からもらう書類

今、会社勤めをしているあなたが個人事業を始めるなら、まず今の会社をできるだけスムーズに辞めなくてはなりません。円満退社することで、今後の事業の信用面でもプラスに働くはずです。

辞める際には最低限、必要な手続きがあります。まず、年の途中で会社を辞めることになるので、毎年末に「年末調整」という方法で確定していたあなたの年収や年間の所得税を、これからは自分で計算しなくてはなりません。そのため会社から、退職する年にそれまでに受けた収入の証明、つまり「**源泉徴収票**」を発行してもらいます。

また、会社を辞めたら健康保険証も変わる可能性があります。変わらないのは、現在、国民健康保険に加入していて、個人事業主になろうとしている人くらいです。それ以外の人は、新たに国民健康保険に入ることになり、その際にこれまで加入していた保険を辞めた証明が必要になります。そのため、会社で任意に作成してくれる「**退職証明書**」をもらっておくといいでしょう。

参考までに、転職も視野に入れている人には、失業保険の受給資格があるので、雇用保険の「**離職証明書**」を発行してもらいましょう。

ただし、繰り返しますが、独立・開業するために離職した人は失業保険を受給できないので注意してください。

◉個人事業を始めるときに出す書類

個人事業を始めたら、開業後1カ月以内に、お住まいの管轄の税務署に「個人事業の開業・廃業等届出書」を提出しなくてはなりません。これにより個人事業を始めたことが税務署で認知され、以降、毎年所得税の確定申告書が届きます。

個人事業の開業・廃業等届出書

税務署受付印　1 0 4 0

個人事業の開業・廃業等届出書

○○ 税務署長
○年 ○月 ○日提出

納税地	◯住所地・○居所地・○事業所等（該当するものを選択してください。）（〒　－　）東京都台東区台東○丁目○番地○号（TEL 03 － 0000 － 0000）
上記以外の住所地・事業所等	納税地以外に住所地・事業所等がある場合は記載します。（〒　－　）（TEL　）
フリガナ	シンセイ タ ロウ
氏名	新星太郎 ㊞
生年月日	○大正 ◯昭和 ○平成 ○令和 ○年 ○月 ○日生
個人番号	○○○○○○○○○○○○
職業	ライター
フリガナ / 屋号	シンセイ

個人事業の開廃業等について次のとおり届けます。

届出の区分	◯開業（事業の引継ぎを受けた場合は、受けた先の住所・氏名を記載します。）住所　氏名 事務所・事業所の（○新設・○増設・○移転・○廃止） ○廃業（事由）（事業の引継ぎ（譲渡）による場合は、引き継いだ（譲渡した）先の住所・氏名を記載します。）住所　氏名
所得の種類	○不動産所得・○山林所得・○事業（農業）所得〔廃業の場合……○全部・○一部（　）〕
開業・廃業等日	開業や廃業、事務所・事業所の新増設等のあった日　○年 ○月 ○日
事業所等を新増設、移転、廃止した場合	新増設、移転後の所在地（電話） 移転・廃止前の所在地
廃業の事由が法人の設立に伴うものである場合	設立法人名　代表者名 法人納税地　設立登記　年　月　日
開業・廃業に伴う届出書の提出の有無	「青色申告承認申請書」又は「青色申告の取りやめ届出書」　◯有・○無 消費税に関する「課税事業者選択届出書」又は「事業廃止届出書」　◯有・○無
事業の概要（できるだけ具体的に記載します。）	1. 書籍の執筆、編集、販売 2. 雑誌の執筆、編集、販売

給与等の支払の状況 区分	従事員数	給与の定め方	税額の有無	その他参考事項
専従者	人		○有・○無	
使用人			○有・○無	
			○有・○無	
計				

源泉所得税の納期の特例の承認に関する申請書の提出の有無　○有・○無　給与支払を開始する年月日　年　月　日

関与税理士（TEL　－　－　）

税務署整理欄	整理番号	関係部門連絡	A	B	C	番号確認	身元確認
	0						□済 □未済
	源泉用紙交付	通信日付印の年月日	確認印	確認書類 個人番号カード／通知カード・運転免許証 その他（　）			
		年 月 日					

また、今住んでいるところとは別に店舗を借りて、個人事業を始める人もいるでしょう。住んでいるところと事業を行う場所が異なる場合などは、**「所得税・消費税の納税地の異動又は変更に関する申出書」**を提出すれば、事業所を管轄する税務署に確定申告の提出先を変更することができます。

また、青色申告（86ページ参照）を選ぶ場合は、開業後2カ月以内に**「所得税の青色申告承認申請書」**を提出しなくてはなりません。提出期限は厳守で、期限後の提出はよほどのことがない限り認められません。事前に準備しておきましょう。

さらに、青色申告をして、かつ、

所得税・消費税の納税地の異動又は変更に関する申出書

1060

税務署受付印

所得税・消費税の納税地の異動又は変更に関する申出書

○○　税務署長

○年○月○日提出

納税地	住所地・居所地・事業所等（該当するものを○で囲んでください。） （〒 160 － 0023 ） 東京都新宿区西新宿○丁目○番地○号 （TEL　03 － 0000 － 0000 ）
上記以外の住所地・事業所等	（〒 110 － 0016 ） 東京都台東区台東○丁目○番地○号 （TEL　03　0000　0000 ）
フリガナ	シンセイ　タ　ロウ
氏名	新星太郎　生年月日　○年 ○月 ○日生
職業	ライター　フリガナ／屋号　シンセイ

納税地を次のとおり異動又は変更したので申し出ます。

1　納税地

(1)　異動・変更前の納税地（〒160－0023）東京都新宿区西新宿○丁目○番地○号　住所・居所事業所等の区分　住所・居所・事業所等

(2)　異動・変更後の納税地　上記の「納税地」のとおり

2　振替納税に関する事項（※管轄税務署が変更になる場合で、振替納税をご利用中の方のみご記入ください。）

振替納税を引き続き希望する。　はい・いいえ

3　その他参考事項

家族従事者を雇い入れて給料を支払う場合には、「**青色事業専従者給与に関する届出／変更届出書**」を、雇い入れ後2カ月以内に提出します。その際に、給与額（見込み）を記入する欄があるので、額の設定は早めにしておくことが肝心です。

青色事業専従者か、一般の従業員かによらず、1

所得税の青色申告承認申請書

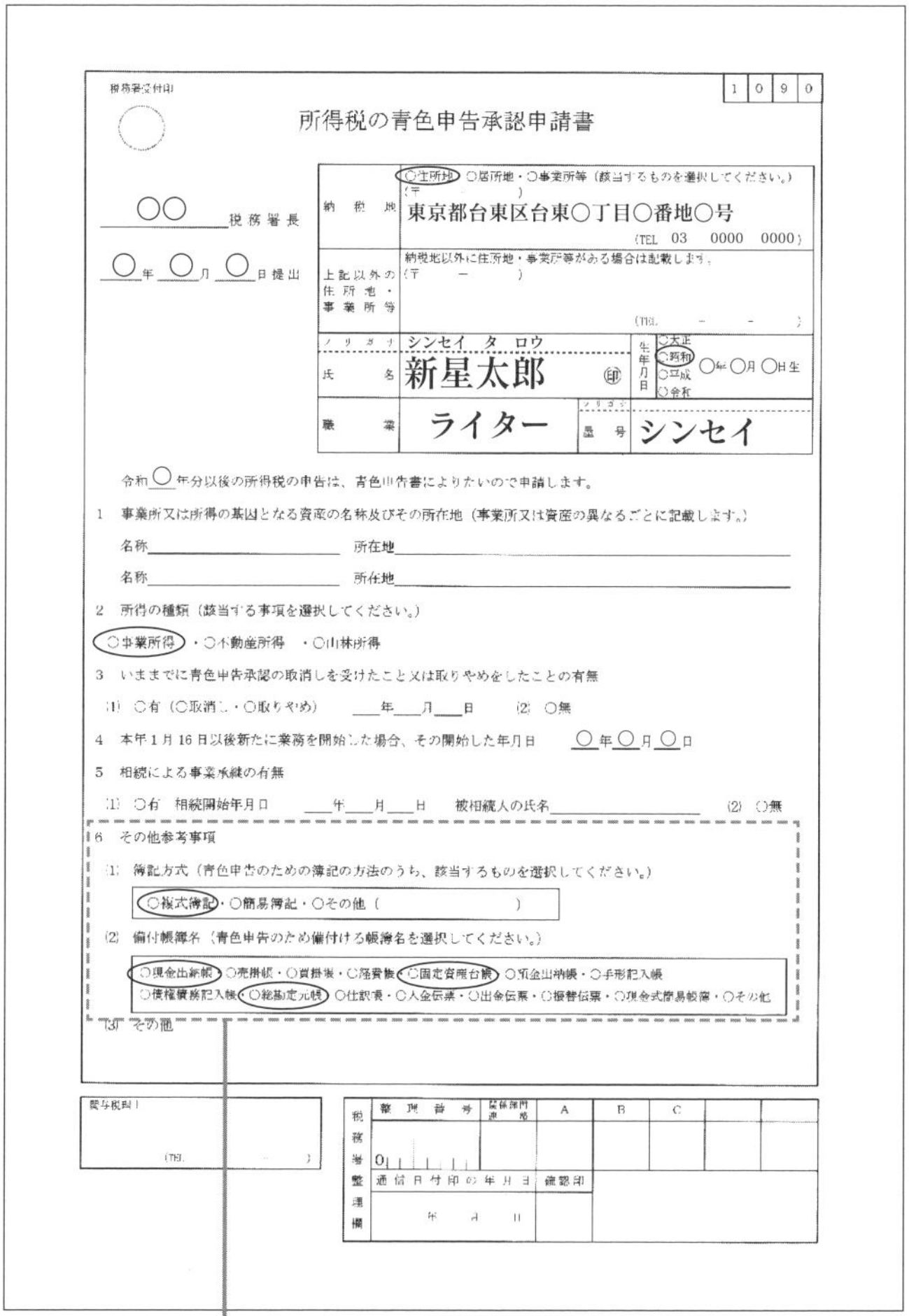

税務署受付印
1 0 9 0

○○ 税務署長
○年 ○月 ○日提出
納税地 ○住所地・○居所地・○事業所等（該当するものを選択してください。）
東京都台東区台東○丁目○番地○号
（TEL 03 0000 0000）
上記以外の住所地・事業所等 納税地以外に住所地・事業所等がある場合は記載します。
フリガナ シンセイ タロウ
氏名 新星太郎 印
生年月日 ○大正 ○昭和 ○平成 ○令和 ○年 ○月 ○日生
職業 ライター
屋号 シンセイ
令和○年分以後の所得税の申告は、青色申告書によりたいので申請します。
1 事業所又は所得の基因となる資産の名称及びその所在地（事業所又は資産の異なるごとに記載します。）
名称 所在地
名称 所在地
2 所得の種類（該当する事項を選択してください。）
○事業所得 ・○不動産所得 ・○山林所得
3 いままでに青色申告承認の取消しを受けたこと又は取りやめをしたことの有無
(1) ○有（○取消し・○取りやめ） 年 月 日 (2) ○無
4 本年1月16日以後新たに業務を開始した場合、その開始した年月日 ○年 ○月 ○日
5 相続による事業承継の有無
(1) ○有 相続開始年月日 年 月 日 被相続人の氏名 (2) ○無
6 その他参考事項
(1) 簿記方式（青色申告のための簿記の方法のうち、該当するものを選択してください。）
○複式簿記・○簡易簿記・○その他（ ）
(2) 備付帳簿名（青色申告のため備付ける帳簿名を選択してください。）
○現金出納帳・○売掛帳・○買掛帳・○経費帳・○固定資産台帳・○預金出納帳・○手形記入帳
○債権債務記入帳・○総勘定元帳・○仕訳帳・○入金伝票・○出金伝票・○振替伝票・○現金式簡易帳簿・○その他
(3) その他
関与税理士
税務署整理欄

青色申告で65万円の控除を受けたい場合は記入

人でも給料を払う人を雇い入れた場合は、「源泉所得税」を徴収する義務が事業所に発生します。そのときは「**給与支払事務所等の開設／移転／廃止届出書**」を提出します。

すると毎月預かった源泉所得税を、翌月10日までに国へ支払うための税金の納付書が郵送されてくるので、それに記載して税を納付します。

ちなみに、個人事業主自身は給料制ではないので、原則、所得税を源泉徴収されるルールはありません。

税務署以外にも、**都道府県税事務所に開業届の提出が必要**です。これは、個人が営む事業のうち、

青色事業専従者給与に関する届出書

青色事業専従者給与に関する届出書

〇〇 税務署長

〇年〇月〇日提出

納税地　東京都台東区台東〇丁目〇番地〇号　（TEL 03 - 0000 - 0000）

フリガナ　シンセイ タロウ

氏名　新星太郎

生年月日　昭和〇年〇月〇日生

職業　ライター　　屋号　シンセイ

〇年〇月以後の青色事業専従者給与の支給に関しては次のとおり定めたので届けます。

1　青色事業専従者給与

	専従者の氏名	続柄	年齢	仕事の内容・従事の程度	資格等	支給期	金額（月額）	賞与 支給期	支給の基準（金額）	昇給の基準
1	新星花子	妻	〇歳 〇年	経理、総務		毎月	200,000円	夏期 冬期	200,000 200,000	
2										
3										

2　その他参考事項
3　変更理由

4　使用人の給与

	使用人の氏名	性別	年齢	仕事の内容・従事の程度	資格等	支給期	金額（月額）	賞与 支給期	支給の基準（金額）	昇給の基準
1										
2										
3										
4										

法律で定められた業種で、一定の金額以上の所得があった場合について、所得から各種控除額を差し引いた金額の3～5%の個人事業税を課税するために必要となります。

給与支払事務所等の開設届出書

※整理番号

税務署受付印

給与支払事務所等の開設・移転・廃止届出書

令和○年○月○日

○○ 税務署長殿

所得税法第230条の規定により次のとおり届け出ます。

事務所開設者		
	住所又は本店所在地	〒110-0016 東京都台東区台東○丁目○番地○号 電話（ 03 ） 0000 － 0000
	（フリガナ）	
	氏名又は名称	シンセイ
	個人番号又は法人番号	↓個人番号の記載に当たっては、左端を空欄とし、ここから記載してください。 ○○○○○○○○○○○○○
	（フリガナ）	シンセイ タ ロウ
	代表者氏名	新星太郎

（注）「住所又は本店所在地」欄については、個人の方については申告所得税の納税地、法人については本店所在地（外国法人の場合には国外の本店所在地）を記載してください。

開設・移転・廃止年月日	令和 ○ 年 ○ 月 ○ 日	給与支払を開始する年月日	令和 年 月 日

○届出の内容及び理由
（該当する事項のチェック欄□に✓印を付してください。）

		「給与支払事務所等について」欄の記載事項 開設・異動前	異動後
開設	☑ 開業又は法人の設立		
	□ 上記以外 ※本店所在地等とは別の所在地に支店等を開設した場合	開設した支店等の所在地	
移転	□ 所在地の移転	移転前の所在地	移転後の所在地
	□ 既存の給与支払事務所等への引継ぎ （理由）□ 法人の合併 □ 法人の分割 □ 支店等の閉鎖 □ その他 （ ）	引継ぎをする前の給与支払事務所等	引継先の給与支払事務所等
廃止	□ 廃業又は清算結了 □ 休業		
その他（ ）		異動前の事項	異動後の事項

○給与支払事務所等について

	開設・異動前	異動後
（フリガナ）		
氏名又は名称	シンセイ	
住所又は所在地	〒110-0016 東京都台東区台東○丁目○番地○号 電話（ 03 ） 0000 － 0000	〒 電話（ ） －
（フリガナ）	シンセイ タ ロウ	
責任者氏名	新星太郎	

従事員数	役員 1 人	従業員 人	（ ）人	（ ） 人	（ ） 人	計 人

（その他参考事項）

税理士署名	

※税務署処理欄	部門		決算期		業種番号		入力		名簿等		用紙交付		通信日付印	年月日	確認	
	番号確認	身元確認 □ 済 □ 未済	確認書類 個人番号カード／通知カード・運転免許証 その他（ ）													

03.06 改正

（規格A4）

「開業又は法人の設立」にチェックを入れる

02 納税に関わる諸届けを提出する

必要に応じて、源泉所得税の納付方法、棚卸資産の評価方法、減価償却資産の償却方法についての届出書を提出します。

◉源泉所得税の納付を年2回にする

従業員が10名未満の場合は、その源泉徴収の事務手続きに考慮して、本来、毎月納めなければならない源泉所得税を、半年分まとめて1度に納める（年2回）ことができる特例があります。

そのためには「**源泉所得税の納期の特例の承認に関する申請書**」という書類を提出します。これにより税の納付は毎月10日ではなく、1月から6月までに預かった所得税を7月10日に、7月から12月までに預かった所得税を1月20日に、まとめて納付できるようになります。

これは、ぜひ提出しておきたい書類です。というのも、源泉所得税はそもそも給料から強制的に税金を天引きして、同時に国へ納めさせるというルールが徹底されており、1日でも納付が遅れると、原則的に「不納付加算税」といって税額の最大10％の罰金が加算されてしまうからです。

◉棚卸資産の評価方法の変更届出書

そもそも、商品や材料を仕入れたのに、所得の計算上、経費にできない場合があります。「**棚卸資産**」とは、期末に売れ残った商品や未使用の原材料、完成せずに製造途中の仕掛物、工事途中の現場コストなどをいいます。

決算のときには、この棚卸資産の金額を算出しなくてはなりません。

計算方法は、棚卸資産の期末時の在庫数に、一定の評価方法によって決めた単価を掛けて行います。

この棚卸資産の評価方法は、通常、法定の評価方法である「**最終仕入原価法**」を使います。これは12月31日の直近（年度末の最後）に仕入れた金額を原価として評価するやり方です。しかし、とくに相場が変動する商品を扱う場合など、正しい金額を求めにくい場合に限り、ほかの棚卸資産の評価方法を選択することができます。

最終仕入原価法ではない方法にしたい場合は、「**所得税のたな卸資産の評価方法／減価償却資産の償却方法の届出書**」を提出するこ

源泉所得税の納期の特例の承認に関する申請書

源泉所得税の納期の特例の承認に関する申請書

税務署受付印

		※整理番号
令和 ○年 ○月 ○日	住所又は本店の所在地	〒110-0016 東京都台東区台東○丁目○番地○号 電話 03 － 0000 － 0000
	（フリガナ）	
	氏名又は名称	シンセイ
	法人番号	※個人の方は個人番号の記載は不要です。 ○○○○○○○○○○○○○
	（フリガナ）	シンセイ タ ロウ
○○ 税務署長殿	代表者氏名	新星太郎

次の給与支払事務所等につき、所得税法第 216 条の規定による源泉所得税の納期の特例についての承認を申請します。

給与支払事務所等に関する事項	給与支払事務所等の所在地 ※ 申請者の住所（居所）又は本店（主たる事務所）の所在地と給与支払事務所等の所在地とが異なる場合に記載してください。	〒 電話 － －		
	申請の日前６か月間の各月末の給与の支払を受ける者の人員及び各月の支給金額 〔外書は、臨時雇用者に係るもの〕	月区分	支給人員	支給額
		年 月	外 人	外 円
		年 月	外 人	外 円
		年 月	外 人	外 円
		年 月	外 人	外 円
		年 月	外 人	外 円
		年 月	外 人	外 円
	1 現に国税の滞納があり又は最近において著しい納付遅延の事実がある場合で、それがやむを得ない理由によるものであるときは、その理由の詳細 2 申請の日前１年以内に納期の特例の承認を取り消されたことがある場合には、その年月日			

税理士署名	

※税務署処理欄	部門		決算期		業種番号		番号		入力		名簿		通信日付印	年 月 日	確認

03.06 改正

とで開業時から変更することができます。棚卸しの評価次第によっては、税額が大きく変わるケースがあるので、検討してみる価値はあるでしょう。

なお、提出の期限は最初の確定申告書の提出日までです。

◉減価償却資産の償却方法の変更届出書

「**減価償却資産**」とは、事業のために必要で購入した自動車や機械、机、パソコン、テレビなどの10万円以上の固定資産のうち、使用とともに価値が減少していく資産をいいます。

減価償却資産を取得した場合、すべての金額を取得時に一括して費用（経費）とすることはできません。使うことによって、価値が減少した分だけ費用化されます。

減価償却資産には、法律でそれぞれ「**耐用年数**」が決まっていて、その年数で取得した金額を各年度に配分していきます。これを減価償却といいます。

この減価償却のやり方には、何種類かあります。個人事業では通常、毎期同じ金額を計上する「**定額法**」が法定のやり方となっています。

例えば、１００万円の償却資産があり、耐用年数が10年の場合、定額法だと毎年10万円ずつ費用化していきます。

しかし、購入した資産によっては、買ったときは十分に価値があったものの、年数を過ぎるほど価値が大きく目減りしていく資産もあります。こうした場合には、初年度に大きな金額を経費にして、その後は毎年少しずつ金額が減っていく「**定率法**」というやり方もあります。先ほどの１００万円の例でいえば、定率法なら初年度で25万円を計上でき、2年めは約19万円、3年めには約14万円というように費用化していきます。

これも届出書が必要ですが、先ほど説明した「所得税のたな卸資産の評価方法の届出書」と兼ねているので注意してください。

所得税のたな卸資産の評価方法の届出書
所得税の減価償却資産の償却方法の届出書

税務署受付印

1160

所得税の ○棚卸資産の評価方法 ○減価償却資産の償却方法 の届出書

○○ 税務署長

○年 ○月 ○日提出

納税地	○住所地・○居所地・○事業所等（該当するものを選択してください。） （〒 − ） 東京都台東区台東○丁目○番地○号 （TEL 03 - 0000 - 0000）		
上記以外の住所地・事業所等	納税地以外に住所地・事業所等がある場合は記載します。 （〒 − ） （TEL − − ）		
フリガナ	シンセイ タロウ	生年月日	○大正 ○昭和 ○平成 ○令和 ○年 ○月 ○日生
氏名	新星太郎 ㊞		
職業	ライター	フリガナ / 屋号	シンセイ

○棚卸資産の評価方法 ○減価償却資産の償却方法 については、次によることとしたので届けます。

1 棚卸資産の評価方法

事業の種類	棚卸資産の区分	評価方法
出版業	商品	最終仕入原価法

2 減価償却資産の償却方法

	減価償却資産の種類 設備の種類	構造又は用途、細目	償却方法
(1) 平成19年3月31日以前に取得した減価償却資産			
	器具及び備品		定額法
(2) 平成19年4月1日以後に取得した減価償却資産			

3 その他参考事項

(1) 上記2で「減価償却資産の種類・設備の種類」欄が「建物」の場合

建物の取得年月日 令和 ＿＿年＿＿月＿＿日

(2) その他

関与税理士

（TEL − − ）

税務署整理欄	整理番号	関係部門連絡	A	B	C		
	0						
	通信日付印の年月日	確認印					
	年 月 日						

7 個人事業はこうして始める

03 各種保険に関わる手続きをする

社会保険の任意継続を利用しない場合は、国民健康保険と国民年金への加入手続きが必要です。会社を退職後、すぐに行いましょう。

◉健康保険と年金の手続き

個人事業を始める場合に、真っ先にしておくべきことは、**健康保険**の手続きです。現在、会社に勤めている人で、会社で社会保険に入っている場合は、社会保険の「任意継続」（124ページ参照）という制度を利用すると有利になることがあります。

国民健康保険に加入すると、昨年の年収をベースとし、社会保険の任意制度で健康保険を利用すると、給与月額の平均をベースとして保険料が算出されます。そのため、昨年の年収が多い人は任意継続制度を利用したほうがトクなケースがあります。

任意継続制度は、住まいの住所を管轄する全国健康保険協会の各都道府県支部で申請できます。必ず退職後20日以内に手続きを済ませてください。とくに扶養する人がいる場合は、確認書類を求められることもあるので最優先で済ませましょう。

また、国民健康保険への加入は、住まいの市区町村が窓口になります。退職証明書を持参して、手続きを済ませてください。

これと同時に、**国民年金**への加入手続きも必要です（現在、国民年金に加入している場合は必要なし）。国民年金への加入には、年金手帳や、職場を辞めた日付がわかる書類を持参します。このとき注意してほしいのは、扶養している配偶者がいれば、一緒に手続きをする必要があることです。社会保険に加入しているときは、扶養している配偶者は「第3号被保険者」といって国民年金の支払いを特別に免除されていました。でも、社会保険を脱退すると支払い義務が発生するので、健康保険の手続きと一緒に年金の手続きもしなくてはならないのです。

◉雇用保険と労災保険の手続き

労働保険（労災保険と雇用保険）は従業員を１人以上雇ったら必ず加入しなくてはなりません。ただし雇用保険は、１週間のうち平均20時間以上勤務していて、半年以上継続して雇用する見込みのある従業員に対して加入義務がありますが、それより少なく働く人には加入資格がありません。

労災保険に加入する手続きは、最寄りの**労働基準監督署**で行います。もし、業務中の事故が起きる前に加入していなければ、そのためにかかる費用は全額、事業主の負担となってしまいます。高額な補償になるケースもあるので忘れずに加入しましょう。

また**雇用保険**への加入手続きは、最寄りの**ハローワーク**（公共職業安定所）で行います。134ページの雇用保険の項を参照してください。

保険関係の届出先

種　類	手続き	届出先
社会保険（健康保険・厚生年金保険）	任意継続手続き	全国健康保険協会の都道府県支部
国民健康保険	加入手続き	住まいの市区町村役場の窓口
国民年金	加入手続き	住まいの市区町村役場の窓口
雇用保険	加入手続き	事業所を管轄するハローワーク
労災保険	加入手続き	事業所を管轄する労働基準監督署

04 許認可に関わる手続きをする

事業を営むためには許認可を得なくてはならない業種があります。時間や費用がかかるものもあるので事前に確認しておきましょう。

◉許認可には時間がかかるので注意！

独立して商売を始める際に、忘れてはならない準備の1つが、**許認可**に関する確認と手続きです。

事業を始めるために、「許可」の申請や「届出」の提出をしなくてはならない業種は意外とたくさんあります。

例えば、飲食業を営むなら保健所から営業の許可を得なければなりません。酒屋を始めるなら酒類販売の免許を税務署からもらわなくてはなりません。理容院や美容院は、それぞれ開設届けを保健所に提出する必要があります。

また、店舗をもたずに、インターネットを使って商いをする場合でも、それが古着やリサイクル品を売る場合には警察署に古物商の許可申請をしてＯＫをもらわなくてはなりません。

一般的に、こうした開業に関する許認可は、官公庁や同業者団体が発行しています。そして、申請の手続きをして実際に許認可を受けるまでは、相当の期間を要するものです。何カ月もかかるケースがあるので余裕を持って手続きを始めましょう。

また、申請時に申請費用がかかるものもあるので注意してください。

許認可を得られなければ、「せっかく独立したのに商売ができない！」となってしまいます。そんなことにならないように、独立する前にしっかりと手続きの中身を調べておきましょう。

◉面倒ならプロの手を借りる

申請手続きの内容によっては、自分で行うと正しい書類がつくれなかったり、かなりの時間を要するものもあります。独立の準備には、このほかにもいろいろとありますから、時間的、労力的なことを考えると、ついあとまわしになってしまう人も多いようです。

そんなときには、許認可などの申請書類の作成や提出手続きの代行を専門に行っている**行政書士に代理申請を依頼する**のも1つの方法です。

行政書士は、許認可の手続きはもちろんのこと、後日、会社を設立したくなったときなども、その申請書類を作成してくれます。あなたの強い味方になってくれることでしょう。

ちなみに、公認会計士や税理士も、行政書士の資格をもっていますので、活用してみてはどうでしょうか。

許認可に関わる届出先

業　種	申請先	申請書類
飲食業	保健所	飲食店営業許可申請書など
和洋菓子製造販売業	保健所	菓子製造業等営業許可申請書
理容・美容院業	保健所	理（美）容所開設届
医薬品販売業	保健所	医薬品販売業許可申請書
クリーニング業	保健所	開設の届出
リサイクル品販売業	警察署	古物商許可申請書
古書店業	警察署	古物商許可申請書
酒類販売業	税務署	酒類販売業免許申請書
人材派遣業	労働局	労働者派遣事業許可申請書
建設業	許可行政庁	建設業許可申請書（新規）など
無認可保育所	市区町村	認可外保育施設設置届

05 将来、法人成りをするときの手続き

個人事業を始めた後で、同じ事業を継続させて会社化することを「法人成り」といいます。官公署への手続きが改めて必要です。

◉法人成りのメリットは？

個人事業で行っていた商売を、会社を設立して行うようにすることを「**法人成り**」といいます。

会社をつくる理由は人それぞれですが、これまで法人成りをする最もいいタイミングは「**消費税の免税点を最大限に利用する**」ことでした。

つまり、税法では個人事業を始めて2年間は消費税を免税にし、その後、一定の条件のもとで会社をつくれば、そこからさらに2年間の消費税を免税にしていたのです。

ただし、この最大4年間の消費税の免税は、今後の法改正によりメリットを受けられなくなるケースもありえます。

ただ、法人成りをすれば、給与所得控除を差し引けたり（35ページ参照）、家族従業員に給料を振り分けたり（38ページ参照）することができます。個人事業で儲かってきたら、会社をつくるというやり方は、以前からある節税方法の1つであり、今でも確実にメリットがあります。

◉法人成り後の手続きは面倒か？

法人成りによって会社を設立し、改めて事業を開始した場合には、法人税などの新たな税金の申告・納付の義務が発生します。

個人事業と会社は、別人格ですから、カンタンな変更届の提出くらいでは済みません。法人設立後2

カ月以内に管轄の税務署などに会社を設立した旨の届出をするほか、官公署などにさまざまな書類を提出する必要があります。

それぞれ提出期限や添付書類の内容が決まっているので、事前に確認しておきましょう。

◉税務署に提出する書類は？

会社を設立後、納税地（会社の本店）を管轄する税務署に提出する書類には、「法人設立届出書」「青色申告の承認申請書」「給与支払事務所等の開設届出書」「棚卸資産の評価方法の届出書」などがあります。

すべて重要な届出書ですが、とくに注意したいのは、さまざまな税務上の特典が得られる**青色申告の承認申請書**です（187ページを参照）。

これと同時に、個人事業を廃業する手続きも必要となります。税務署に「**個人事業の開業・廃業等届出書**」を提出します（141ページを参照）。

◉税務署以外の手続きも忘れずに

会社の事業活動にかかる税金には、国税のほか、地方税（住民税）があり、都道府県と市区町村にそれぞれ申告・納付します。そのため、会社を設立したら、都道府県税事務所と市区町村役場にも「**法人設立届出書**」（税務署に届け出た書類と同じもの）を提出します。

また、個人事業を廃業した旨の届出も必要です。「**事業開始等申告書（個人事業税）**」の関係書類を都道府県税事務所と市区町村役場に届け出ます。

また、個人事業のときに受けていた許認可の多くは「新規」扱いとなるので、改めて申請し直さなくてはなりません。

このように、法人成りにはさまざまな手続きが必要になります。

時間や手間、費用がかかるので、そのために商売が中断しないように注意してください。

◉社会保険と労働保険は変更手続きでOK

これまで何度も説明していますが、会社を設立すると、同時に**社会保険（健康保険と厚生年金保険）に加入する義務が発生**します。たとえ、社長1人だけの会社でも、必ず社会保険に加入しなくてはなりません。

個人事業時代には加入する義務がなかった、従業員5人未満の事業所も、法人成りしたとたんに社会保険への加入が義務づけられます。

ただし、個人事業時代にすでに社会保険に加入していたり、労働保険（労災保険と雇用保険）にも加入していた事業所は、各種の変更手続きをするだけでOKです。

◉法人成りのデメリットは？

このように、法人成りをする手続きには時間と手間、そして費用がかかります。

このほかにも、本書の第2章～第6章の中で解説したとおり、法人成りをするデメリットには次のことがあげられます。

- 会社にすると「お金の制約」が多くなり、個人事業のように自由に使えない。例えば、会社のお金で社長個人の支払いをすると、経費ではなく貸付金や役員賞与とみなされることがある。
- 決算・申告に時間と手間がかかる。決算日から申告までの期間は会社のほうが短いし、税金の納付期限は申告期限と同じになる。
- 赤字決算になっても、法人住民税の均等割（最低でも7万円）が課せられてしまう。
- 本店所在地や役員の変更などがあった場合、登記事項を変更する手続きが必要で、費用もかかる。

第8章 会社はこうして始める

Step 1 ▶P.164 参照
定款をつくって公証人の認証を受ける

↓

Step 2 ▶P.174 参照
現金、現物で会社に出資する

↓

Step 3 ▶P.178 参照
会社の設立登記を申請する

↓

Step 4 ▶P.184 参照
税務署に必要書類の届出をする

↓

Step 5 ▶P.194 参照
社会保険の届出をする

↓

Step 6 ▶P.200 参照
労働保険の届出をする

01 会社の種類を決めよう

会社には4つの種類があります。株式会社、合同会社、合資会社、合名会社です。それぞれ特徴があるので確認しましょう。

◉会社には4つの種類がある

ひと口に会社といっても4つの種類があります。それぞれのメリットとデメリットを把握して、自分に適している形態を探しましょう。

現行の会社法で認められている会社の設立形態は、**「株式会社」「合同会社（LLC）」「合資会社」「合名会社」**の4つです。「有限会社」に関しては、会社法改正以後、その設立ができなくなりました。それ以前に設立している有限会社は「特例有限会社」として残っています。

◉株式会社は設立費用が高い

「株式会社」は、長い年月に蓄積されたその認知度から、もっとも法人数が多く、信用性が高い設立形態と考えられています。

以前は株式会社の最低資本金は1000万円だったため、設立時にこれを用意できない会社は有限会社（最低資本金300万円）にしていました。現在は、最低資本金の制度が撤廃され、資本金1円でも会社が設立できます。

ただし、**会社設立にかかる費用がもっとも高い**のも株式会社の特徴です。

株式会社以外の会社は、原則として定款を作成した後、公証役場での認証が不要です。この認証には約3万～9万円かかります。法務局に登記を申請するときにかかる登録免許税の最低必要金額も、株式会社よりも9万円安く済みます。

ちなみに、法務省の「登記・供託オンライン申請システム」を使うと、印紙代4万円がかからずにすみます。

ただし、必要なソフトウエアをインストールしたり、ユーザ登録を行ったりと、けっこう面倒な作業が発生します。ですから、初めて会社をつくる場合は、やはり公証役場に直接持ち込む方法をオススメします。

◉債務の返済に関する義務

会社の形態を決める際に検討するべきことは、「どんな会社だと、いくらかかるのか」だけではありません。会社を設立後、もし倒産した場合に「どの程度の責任をとらなくてはならないか」も考えておくべきです。

まず、会社の出資者である「株主」の立場から見てみましょう。

株式会社や（特例）有限会社、合同会社は、株主が出資した範囲内で「**有限責任**」をとるにとどまります。

つまり、出資金を払い込めばその責任を終えます。たとえ多額の債務を残して会社をたたむことになっても、その返済の責任は負いません。

一方、合名会社の社員（株主）と、合資会社の一部の社員は「**無限責任**」です。そのため、会社が倒産したときに債務が残れば、個人的に返済義務が発生します。

ただし、**中小企業では「株主＝社長＝会社の借金の連帯保証人」**であるケースがほとんどです。そのため、会社に万が一のことがあった場合、その弁済からは逃げられません。

銀行などから借入れをする場合は、必ずといっていいほど社長に連帯保証人になるように要求されます。しかし、仕入先への債務などは、連帯保証を要求されることはまれなので、その分は有限責任で済むでしょう。

次に「取締役」の立場から見ます。

株式会社などの場合、株主は出資額分だけの有限責任です。債務の連帯保証人になっていなければ、個人的な責任も発生しません。

しかし、倒産のような大きな失敗をした場合、取締役には役職に応じた責任が追及されるケースがあります。

取締役は、会社の業務を執行する一切の権限をもっており、第三者は取締役を信用して取引します。そのため、取締役に重大な過失があったり、やるべきことをやらずに第三者に被害をこうむらせた場合は、責任を問われる立場にあるのです。

自分の商売を自分の責任において行うのは、個人事業主も会社の社長も同じです。「いざというときは、逃げも隠れもしない」と肝に銘じて、社長業を執り行いましょう。

そうした覚悟が、会社の信頼アップにつながるはずです。

◉合同会社の設立は安くてカンタン

会社法の改正後に新たな設立形態として制定された「**合同会社**（LLC）」。まだまだなじみは薄いですが、この会社、じつは結構カンタンにつくれるのです。

株式会社と同じく、資本金は1円から設立でき、出資者の責任も「有限責任」です。**取締役（業務執行社員）も1名**からでいいので、株式会社に遜色ない会社を構成できます。

また、**役員の任期がない**ので、任期ごとの改選による登記費用が発生しません。

さらに、合同会社では設立時に必要な定款を公証役場で認証（約3万〜9万円）してもらうことが原則不要です。法務局に登記を申請するときの登録免許税の最低必要金額も、株式会社よりも9万円安くすみます。認証の手間も省略できるので、手続き面でもメリットがあります。
しかも、節税の特典も株式会社とほぼ同じものが得られます。
ただ、株式会社と比べてまだまだ認知度が低いのが現状です。
そのため、会社の「信用面」からは、いささか劣っていると見られることがあるかもしれません。
それでも、株式会社という形にこだわらず、自分の身の丈に合った規模で事業を行う場合には、合同会社はメリットの多い選択肢といえます。あなたも考えてみてはどうでしょうか。

会社形態の違いによるメリット・デメリット

<table>
<tr><th colspan="2"></th><th>株式会社</th><th>合同会社</th><th>合資会社</th><th>合名会社</th></tr>
<tr><td colspan="2">資本金の額</td><td colspan="2">1円～</td><td colspan="2">任意</td></tr>
<tr><td colspan="2">出資者の責任</td><td colspan="2">有限責任</td><td>無限責任、有限責任</td><td>無限責任</td></tr>
<tr><td colspan="2">社会的な認知度</td><td>◎</td><td>△</td><td colspan="2">○</td></tr>
<tr><td colspan="2">赤字でも支払う均等割</td><td colspan="4">あり</td></tr>
<tr><td colspan="2">役員の数</td><td colspan="2">1名～</td><td colspan="2">2名～</td></tr>
<tr><td colspan="2">役員の任期</td><td>最長10年</td><td colspan="3">期限なし</td></tr>
<tr><td rowspan="2">設立時のコスト</td><td>定款認証費用</td><td>約3万～9万円※</td><td colspan="3">不要（0円）</td></tr>
<tr><td>法務局への登記費用</td><td>15万円～</td><td>6万円～</td><td colspan="2">6万円</td></tr>
<tr><td rowspan="3">設立後の各種変更コスト</td><td>役員の変更登記費用</td><td colspan="4">1万円～</td></tr>
<tr><td>本店（住所）の変更登記費用</td><td colspan="4">3万円～</td></tr>
<tr><td>増資（出資金の追加）登記費用</td><td colspan="2">3万円～</td><td colspan="2">不要（0円）</td></tr>
</table>

※認証手数料は資本金額により3万～5万円
※収入印紙代は4万円。ただし電子定款の場合はかからない

02 会社設立までのおおまかな流れを知ろう

個人事業と違い、会社を設立するには手間がかかります。必要な書類の作成や手続きができないと、次のステップに進めません。

◉初めに定款を作成する

会社の種類はいろいろありますが、ここからは一般的な「株式会社」を設立するための手続きを中心に説明していきます。

会社をつくるときは、初めに登場人物の青写真を決めなくてはなりません。登場人物とは「発起人」「株主」「代表取締役」「取締役」で、場合によって「監査役」や「会計参与」が加わります。1人で会社をつくるときはその人自身が発起人となり、株主（オーナー）、代表取締役（社長）を兼ねます。

発起人が会社の骨格を決定し、これを「**定款**」という社内ルールに定めます。この定款には、会社名（会社の種類を含む）、目的、本店の所在地、出資金（設立のときに発行する株式数や今後発行が可能な株式数）、役員、事業年度（決算日）など、会社を運営するうえでもっとも重要な事項を取り決めて記載します。これらの事項は、会社をつくった後で変更する場合は、そのたびに変更登記を申請しなくてはならないので慎重に決めなくてはなりません。

◉登記の申請日が会社設立日になる

定款ができたら、その内容が適法に成立したことを証明してもらうため、**公証人の認証**を受けます。

また、会社の名称が決まったら「**代表印**」（実印）を作成しておきます。次のステップで登記書類などに代表印が必要になるからです。会社名と役職名を印字するので、例えば「株式会社○○○○代表取締役印」と彫ったハンコを用意します。この代表印は設立登記をするときに法務局で印鑑登録します。

認証を受けたら、**出資金を払い込み**、これを保管しておきます。

それから設立に必要な書類を作成して、**登記所（法務局）に提出**します（登記する）。この登記所に書類を提出した日が、会社設立の日となります。

実際の会社設立までの大まかな流れ

会社の重要事項の決定

会社名、会社の種類、代表取締役、出資額、本店の住所、目的などを決める

↓

定款の作成と認証手続き
（→P.164）

会社の憲法である「定款」をつくり、それを認証してもらう

↓

出資金の払込み
（→P.174）

資本金を払い込み、その証明書をつくる
※現物出資の場合は「調査報告書」などをつくる

↓

登記申請書の作成と登記
（→P.178）

「株式会社設立登記申請書」をつくり、登記所に行って登記をする

↓

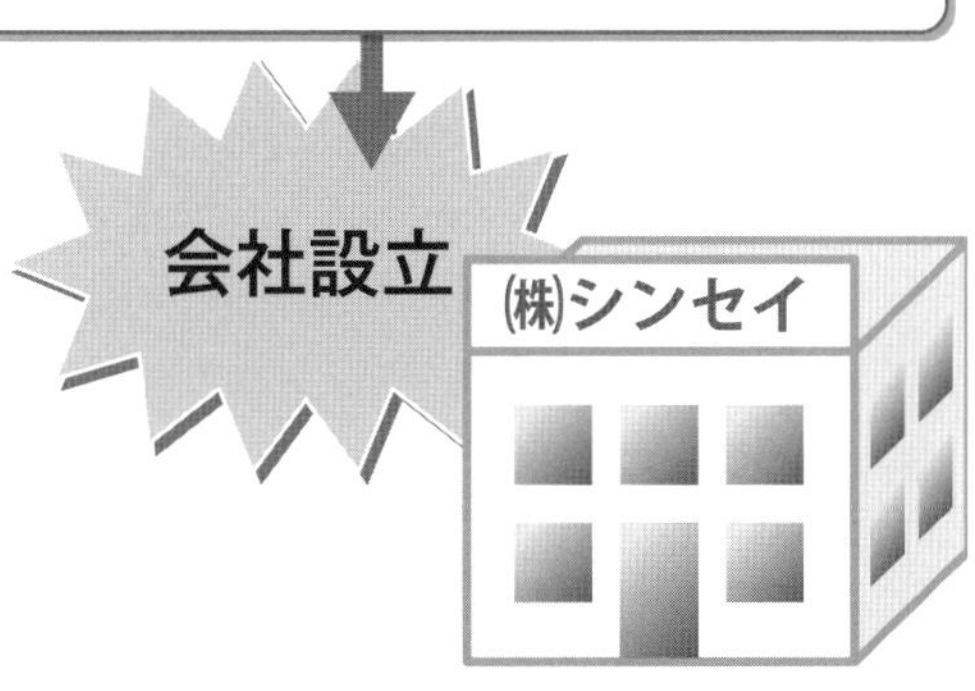

03 定款をつくって公証人の認証を受ける

会社の基本的なルールを定めた重要文書を「定款」といいます。この定款は公証人に認証をしてもらわなくてはなりません。

◉「定款」とは何か？

「**定款**」とは、会社の根本的な規則で、国家でいえば憲法に当たるものです。そのため、会社をつくった後は、自分たちで決めた規則である定款に沿って事業を行います。

定款に記載する内容には「**絶対的記載事項**」「**任意的記載事項**」「**相対的記載事項**」の3つがあります。それぞれ説明していきましょう。

◉「絶対的記載事項」とは何か？

定款に記載しなければ、定款そのものが無効になってしまうものを「絶対的記載事項」といいます。項目は「①会社名、②会社の目的、③会社の住所、④資本金、⑤発起人の名前と住所、⑥発行可能な株の総数」の6つです。

①会社名（商号）

会社名のことを「**商号**」ともいいます。株式会社の場合、会社名の前か後ろに「株式会社」と入れなくてはなりません。よく「マエカブ」「アトカブ」といわれるものです。会社名にはローマ字やアラビア数字（「1」や「2」など）を入れることもできます。

以前はよく似た社名（類似商号）を排除するための規制がありましたが、会社法が改正されてからは同一住所で同一名称でなければよくなっています。

この類似商号の調査は登記所でできます。

②会社の目的

会社は**定款の「目的」に書かれていない事業を行うことができません**。そのため、会社で営業する内容を細大もらさず記載することが必要です。会社の設立時には行っていないことでも、将来、事業として考えられることは記載しておくようにしましょう。

また、事業目的の記載文の最後に「前各号に附帯する一切の事業」と入れておけば、関連する事業をフォローできます。

③会社の住所

会社の住所（本店の所在地）が賃貸であったり、近々移転の計画がある場合には、例えば代表者の自宅を本店とすることも可能です。

会社設立後に本店を移転する場合は、そのたびに変更登記が必要になります。

④資本金（設立に際して出資される財産の最低額）

資本金を金銭ではなく、「現物出資」する場合には、その財産の種類と財産の金額を記載しなくてはなりません。

また、会社をつくった後で資本金を増やすこと（増資）も可能です。このときも変更登記が必要です。

⑤発起人の名前と住所

発起人は、会社をつくろうとしているあなた自身でOKです。

個人の印鑑証明書に記載されている氏名、住所を記載します。

⑥発行可能な株の総数

会社が**当面、何株まで発行できるかを決めます**。増資する場合は、ここで記載した株数の範囲内で行います。

中小企業の当面の資本金の目標額は１０００万円、さらに年月をかけて２０００万円程度に増資できれば、より盤石な会社といえるでしょう。

●「相対的記載事項」とは何か？

定款に記載がなくても、定款そのものの効力に影響はないものの、**定款に定めなければ効力が生じないもの**を「相対的記載事項」といいます。

現物出資や発起人の報酬、株式の譲渡制限に関する規定などがこれに当たります。

なかでも「**株式の譲渡制限に関する規定**」は重要です。これが有効な場合とそうでない場合とでは、手続きの簡略化に差が出るからです。この規定は記載しておきましょう。

●「任意的記載事項」とは何か？

定款に記載がなくても、定款そのものの効力に影響がなく、かつ定款に定めなくても効力が生じるものを「任意的記載事項」といいます。

このうち、定款に載せてほしい内容は次の４つです。会社になくてはならないルールですから、必ず記載しましょう。

①会社の公告の掲載場所（官報や新聞など）
②取締役や監査役の設置や人数（最低1名の取締役から設立可能）
③取締役の任期（最高10年まで設定可能）
④会社の事業年度（決算日をいつにするか）

以上の事項をしっかりと定款に記載しましょう。

１６８ページ以降に定款のサンプルを紹介しましたので、参考にしてください。

●公証人による認証を受ける

定款が無事にできあがったら、登記する前にこれを公証役場へもって行き、公証人に認証をしてもら

定款の記載事項

	項目	記載事項（内容）
絶対的記載事項	①会社名（商号）	会社名の前か後に「株式会社」と入れる
	②会社の目的	内容を細大漏らさず記載。最後に「前各号に付帯する一切の事業」と入れる
	③会社の住所（本店の所在地）	会社の住所を記載
	④資本金（設立に際して出資される財産の最低額）	資本金を記載
	⑤発起人の名前と住所	発起人の名前と住所を記載
	⑥発行可能な株の総数	会社が発行する株式の総数を記載
相対的記載事項	株式の譲渡制限に関する規定	記載されていると手続きが簡略化される
任意的記載事項	①公告の掲載場所	「官報」や「○○新聞」と記載
	②取締役の数	社長1人の会社にするなら「1名」と記載
	③取締役の任期	手間を省くためには「最高10年」と記載
	④会社の事業年度	決算日をいつにするか記載

います。これは会社の根本原則となる重要な文書が、真正かつ適法につくられていることを確保するためです。

公証役場は全国各地に設置されており、会社の本店を置こうとする都道府県内の公証役場であればどこでも認証してもらえます。

認証を受けるために必要なものは、①定款3部、②発起人の印鑑証明、③発起人の実印、④収入印紙（4万円、電子定款の場合は不要）、⑤認証手数料（約3万～5万円）です。このほか、定款の登記簿謄本を交付してもらうための手数料がかかります。

気をつけなくてはならない点は、認証を受けてから登記の手続きをするまでの間に、定款に不備を見つけたり、追加したい項目が出てきても、変更するのが非常に困難なことです。

認証を受ける前に、あらかじめ公証人に内容を確認してもらうといいでしょう。

定款のサンプル(1ページ目)

株式会社シンセイ
定　款

令和○○年○○月○○日　作　成

令和　年　月　日　公証人認証

令和　年　月　日　会社設立

1

定款のサンプル(2ページ目)

「前各号に附帯する一切の事業」と入れる

絶対的記載事項

定　款

第1章　総　則

(商　号)
第1条　当会社は、株式会社シンセイと称する。

(目　的)
第2条　当会社は、次の事業を営むことを目的とする。
1. 書籍の執筆、編集、販売
2. 雑誌の執筆、編集、販売
3. インターネットにおける情報等の収集、リサーチ
4. インターネットにおける情報等の販売
5. 前各号に附帯する一切の事業

(本店の所在地)
第3条　当会社は、本店を東京都台東区に置く。

(機関構成)
第4条　当会社は、取締役会、監査役その他会社法第326条第2項に定める機関を設置しない。

(公告の方法)
第5条　当会社の公告は、官報に掲載して行う。

第2章　株　式

(発行可能株式総数)
第6条　当会社の発行可能株式総数は、500株とする。

2

「株式の譲渡制限」は入れておく

（株券の不発行）
第７条　当会社の株式については、株券を発行しない。

（株式の譲渡制限）
第８条　当会社の株式を譲渡により取得するには、株主総会の承認を要する。

（株主名簿記載事項の記載の請求）
第９条　株式取得者が株主名簿記載事項を株主名簿に記載することを請求するには、当会社所定の書式による請求書に、その取得した株式の株主として株主名簿に記載された者又はその相続人その他の一般承継人及び株式取得者が署名又は記名押印し、共同して請求しなければならない。
ただし、法令に別段の定めがある場合には、株式取得者が単独で請求することができる。

（質権の登録）
第10条　当会社の株式につき質権の登録を請求するには、当会社所定の書式による請求書に設定者が署名又は記名押印して提出しなければならない。その登録の抹消についても同様とする。

（基準日）
第11条　当会社は、毎事業年度末日の最終の株主名簿に記載された議決権を有する株主をもって、その事業年度に関する定時株主総会において権利を行使することができる株主とする。
②　前項のほか、株主又は登録株式質権者として権利を行使することができる者を確定するため必要があるときは、取締役は、臨時に基準日を定めることができる。ただし、この場合には、その日を２週間前までに公告するものとする。

（株主の住所等の届出等）
第12条　当会社の株主、登録株式質権者又はその法定代理人もしくは代表者は、当会社所定の書式により、その氏名又は名称及び住所並びに印鑑を当会社に届け出なければならない。届出事項等に変更を生じたときも、同様とする。
②　当会社に提出する書類には、前項により届け出た印鑑を用いなければならない。

3

第3章　株主総会

（招　集）

第13条　当会社の定時株主総会は、毎事業年度末日の翌日から3か月以内に招集し、臨時株主総会は、必要に応じて招集する。

②　株主総会は、法令に別段の定めがある場合を除くほか、社長がこれを招集する。

③　株主総会を招集するには、会日より3日前までに、議決権を有する各株主に対して招集通知を発するものとする。ただし、招集通知は、書面ですることを要しない。

（招集手続の省略）

第14条　株主総会は、その総会において議決権を行使することができる株主全員の同意があるときは、招集手続きを経ずに開催することができる。

（議長及び決議の方法）

第15条　株主総会の議長は、社長がこれに当たる。

②　株主総会の決議は、法令又は本定款に別段の定めがある場合を除き、出席した議決権を行使することができる株主の議決権の過半数をもって行う。

③　会社法第309条第2項に定める株主総会の決議は、議決権を行使することができる株主の議決権の過半数を有する株主が出席し、出席した当該株主の議決権の3分の2以上に当たる多数をもって行う。

（株主総会の決議の省略）

第16条　株主総会の決議の目的たる事項について、取締役又は株主から提案があった場合において、その事項につき議決権を行使することができるすべての株主が、書面によってその提案に同意したときは、その提案を可決する旨の株主総会の決議があったものとみなす。

（議決権の代理行使）

第17条　株主又はその法定代理人は、当会社の議決権を有する株主又は親族を代理人として、議決権を行使することができる。ただし、この場合には、株主総会ごとに代理権を証する書面を提出しなければならない。

（株主総会議事録）

第18条　株主総会の議事については、法令に定める事項を記載した議事録を作成し、10年間当会社の本店に備え置くものとする。

4

定款のサンプル(5ページ目)

社長1人の会社なら「1名」にする

任期を「10年」にしておく

第4章　取　締　役

(取締役の員数)
第19条　当会社の取締役は、1名とする。

(資　格)
第20条　当会社の取締役は、当会社の株主の中から選任する。
②　前項の規定にかかわらず、議決権を行使することができる株主の議決権の過半数をもって、株主以外の者から選任することを妨げない。

(取締役の選任の方法)
第21条　当会社の取締役の選任は、株主総会において議決権を行使することができる株主の議決権の3分の1以上を有する株主が出席し、出席した当該株主の議決権の過半数をもって行う。

(取締役の任期)
第22条　取締役の任期は、選任後10年以内に終了する事業年度のうち最終のものに関する定時株主総会の終結の時までとする。

(社長及び代表取締役)
第23条　取締役は社長とし、当会社を代表する取締役として、会社の業務を統轄する。

(報酬等)
第24条　取締役の報酬、賞与その他の職務執行の対価として当会社から受ける財産上の利益は、株主総会の決議によって定める。

第5章　計　　算

(事業年度)
第25条　当会社の事業年度は、毎年4月1日から翌年3月31日までとする。

(剰余金の配当及び除斥期間)
第26条　剰余金の配当は、毎事業年度末日現在における株主名簿に記載された株主又は登録株式質権者に対して行う。

5

事業年度(決算日)を決めておく

定款のサンプル(6ページ目)

絶対的記載事項

② 剰余金の配当は、支払開始の日から満3年を経過しても受領されないときは、当会社はその支払義務を免れるものとする。

第6章　附　則

(設立に際して出資される財産の最低額)
第27条　当会社の設立に際して出資される財産の最低額は、金100万円とする。

(最初の事業年度)
第28条　当会社の最初の事業年度は、当会社成立の日から令和○年3月31日までとする。

(発起人の氏名及び住所)
第29条　当会社の発起人の氏名及び住所は、次のとおりである。
住所　東京都台東区台東○丁目○番地○号
氏名　新星太郎

(定款に定めのない事項)
第30条　本定款に定めのない事項については、すべて会社法その他の法令の定めるところによる。

以上、株式会社シンセイを設立するため、本定款を作成し、発起人が次に記名押印する。

令和○年○月○日

発起人　住所　東京都台東区台東○丁目○番地○号
氏名　新星太郎　個人の実印

6

会社はこうして始める

8

04 現金、現物で会社に出資する

会社を設立する発起人が出資金を払い込むには、現金での出資と、不動産や設備品などの現物による出資の2つの方法があります。

◉出資金を払い込む手順

発起人1人が、金銭で出資する場合の手続きは、次のような流れになります。

①払い込む預金口座を決める

まだこの段階では会社は成立していないので、預金口座は**発起人個人の通帳**を使用します。使う口座は出資金払込用に新規に開設しても、既存の口座を利用してもかまいません。

どちらの場合でも、会社が成立した後で出資金を会社名義の口座に振り替える作業を考えると、**取引を継続することになる金融機関の口座を使用**するのが現実的です。

②出資金を払い込む

既存の口座を利用する場合は、いったん出資金に見あった金額を引き出してから、再度**出資した人の名前がきちんと通帳に残るように「振込み」**という形で払い込みます。

たんに通帳に「預入れ」しただけでは、何のための入金かわかりません。

③預金通帳のコピーをとる

出資金の払込みが済んだら、その預金口座の通帳は払い込んだことの証明に使用します。通帳の表紙、表紙の裏、払込みが記載されているページの3枚をコピーして、**「払込みがあったことを証する書面」**とセットにすれば、出資の証明書のできあがりです。

◉金銭以外で出資する方法

株式会社を設立するときは、原則として金銭による出資が行われます。例外として、発起人の「**現物出資**」による出資も認められています。現物出資とは、動産や不動産、有価証券、債権など、**金銭以外の財産で行う出資**のことです。

ここでポイントになるのは、会社の財産、つまり会社の「貸借対照表」に計上できる資産であれば、現物出資の対象となりうることです。

例えば、100坪の土地や鉄筋コンクリートのビルなどがこれに当たります。また、そんなに高額でなくても、使っているパソコンやクルマも当てはまります。ホームページなど、形のない無形資産も含まれます。

これらを「**時価**」で計算したものが、現物出資の対象となります。手元にある個人的な財産を、引きつづき会社で使う際の手法の1つが現物出資です。

◉現物出資には検査役の調査が必要

現物出資は、文字どおり「現物」の財産を会社の資本である「出資」として取り扱います。しかし、金銭ではないので金額に不確かな部分が出てきます。そのため、いくつかの手続きが必要になります。

まず、**相対的記載事項として定款にその旨を定める**必要があります。

また原則として、現物出資した財産を裁判所が選

出資金の払込みを証する書面のサンプル

払込みがあったことを証する書面

当会社の設立により発行する株式につき、次のとおり払込金額全額の払込みがあったことを証明します。

払込みがあった金額の総額	金100万円
払込みがあった株数	50株
1株の払込金額	金2万円

令和○年○月○日

（本　店）　東京都台東区台東○丁目○番地○号
（商　号）　株式会社シンセイ
（代表者）　設立時代表取締役　新星太郎

任する「**検査役**」に調査してもらわなくてはなりません。ただし、財産の総額が**５００万円以下であれば検査役の調査は必要ありません**。

さらに、現物出資する財産が定款に定めた金額に相当するかどうかについて、取締役の調査が必要です。そして、その証明書として「**調査報告書**」を作成します。ここに記載する事項は次のとおりです。

①現物出資する財産が、定款に定めた金額と相当であること
②発起人による出資の履行が完了していること
③会社の設立の手続きが法令・定款に違反していないこと

また、発起人が金銭以外の財産を出資するときは、その意思表示のために「**財産引継書**」を作成します。この文書は、前述の調査報告書とともに付属書類として登記所に提出します。何を、いくらの財産として現物出資したかを記載して、この財産を会社に現物出資する旨も明記します。

そのほか、「**資本金の額の計上に関する証明書**」（資本金の額を証する書面）も必要です。

調査報告書のサンプル

「（設立中）」と記載

調査報告書

令和○年○月○日株式会社シンセイ（設立中）の取締役に選任されたので、会社法第46条の規定に基づいて調査をした。その結果は次のとおりである。

調査事項

1　定款に記載された現物出資財産の価額に関する事項（会社法第33条第10項第1号及び第2号に該当する事項）

定款に定めた、現物出資をする者は発起人新星太郎であり、出資の目的たる財産、その価額、並びにこれに対し割り当てる設立時発行株式の種類及び数は次のとおりである。

デスクトップパソコン
定款に記載された価額　金○○円
これに対し割り当てる設立時発行株式　普通株式○○株

上記については、時価金○○円と見積もられるべきところ、定款に記載した評価価額はその4分の3の金○○円であり、これに対し割り当てる設立時発行株式の数は○○株であることから、当該定款の定めは正当なものと認める。

2　発起人新星太郎の引受けにかかる○○株について、令和○年○月○日現物出資の目的たる財産の給付があったことは、別紙財産引継書により認める。

3　令和○年○月○日までに払込みが完了していることは発起人新星太郎名義の普通預金口座（○○銀行○○支店　口座番号○○○○）の記載により認める。

4　上記事項以外の設立に関する手続きが法令または定款に違反していないことを認める。
上記のとおり会社法の規定に従い報告する。

令和○年○月○日

株式会社シンセイ
設立時取締役　新星太郎

財産引継書と資本金の額を証する書面のサンプル

財産引継書

現物出資の目的たる財産の表示

1.　デスクトップパソコン
NCC株式会社
N0832-215026F
この価額　金額○○円

（財産を具体的に特定できるように記載（製造社名や製造番号、不動産であれば所在地など））

（時価での金額を記載）

令和○年○月○日
発起人　東京都台東区台東○丁目○番地○号
新星太郎

（「御中」と記載）

株式会社シンセイ　発起人御中

資本金の額の計上に関する証明書

当会社の資本金の額は、下記のとおり会社法及び会社計算規則の規定に従って計上されたことを証明します。

記

1　払込みを受けた金銭の金額　①　＝　金○○円　（出資した金額）

2　給付を受けた金銭以外の財産の価額　②　＝　金○○円

3　資本金又は資本準備金の額として計上すべき額から減ずるべき額　③　＝　金○○円

4　資本準備金　④　＝　金○○円　（通常は0円）

5　資本金の額　①＋②－③－④　＝　金○○円

令和○○年○月○日
東京都台東区台東○丁目○番地○号
株式会社シンセイ
設立時代表取締役　新星太郎

（「設立時」と記載）

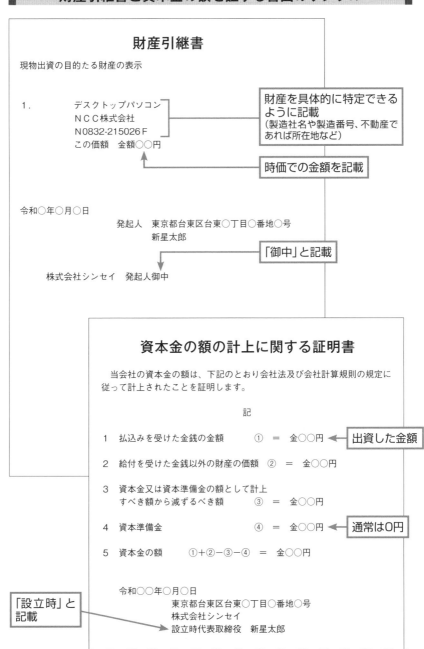

05 会社の設立登記を申請する

定款の認証と出資金の払込みを終えたら、いよいよ登記所へ行き、設立登記を申請します。必要なすべての書類を用意しましょう。

◉登記に必要な書類をつくる

定款の認証を受け、出資金の払込みが済んだら、いよいよ**登記所**へ提出する書類の作成です。株式会社を1人だけで設立するケースを例に、どういった書類が必要なのかを見ていきましょう。

発起人1人、取締役1人で発起設立する場合の、会社の設立登記に必要な書類のうち「**設立登記申請書**」に添付する一般的なものは次のとおりです。

①**定款**（168ページ以降参照）
②**払込みがあったことを証する書面**（175ページ参照）
③**発起人決定書**（180ページ参照）
④**設立時取締役の就任承諾書**（180ページ参照）
⑤**（設立時の取締役の）印鑑証明書**
⑥「**登記すべき事項**」**が書かれたテキストデータ入りの磁気ディスク**（181ページ参照）
※現物出資がある場合は「調査報告書」「財産引継書」「資本金の額の計上に関する証明書」（176～177ページ参照）も添付

また、会社の代表印も法務局へ印鑑登録しておきます。

「**印鑑届書**」（182ページ）と、印鑑登録した後に発行してもらえる印鑑カードを申請する「**印鑑カード交付申請書**」（183ページ）をつくっておきます。

設立登記申請書のサンプル

すべての書類が作成し終わった日を記入

社長の個人の印鑑証明書

番地までしっかりと記入

株式会社設立登記申請書

1．商　　号　　株式会社シンセイ

1．本　　店　　東京都台東区台東○丁目○番地○号

1．登記の事由　　令和○年○月○日　発起設立の手続き終了

1．登記すべき事項　　別添の CD-R の通り

「登記すべき事項」が書かれたテキストのこと（前ページの⑥参照）

1．課税標準金額　　金 100 万円

1．登録免許税　　金 15 万円

登記にかかる費用で、最低15万円かかる

1．添付書類

定款	1 通
払込みがあったことを証する書面	1 通
発起人決定書	1 通
設立時取締役の就任承諾書	1 通
印鑑証明書	1 通

上記のとおり登記の申請をします。

令和○年○月○日

登記所に書類を提出する日

東京都台東区台東○丁目○番地○号
申　請　人　株式会社シンセイ

東京都台東区台東○丁目○番地○号
代表取締役　新星太郎　（代表印）
電話番号　03-○○○○-○○○○

○○法務局○○支局　御中

※現物出資がある場合は「調査報告書」「財産引継書」「資本金の額の計上に関する証明書」も添付書類となる

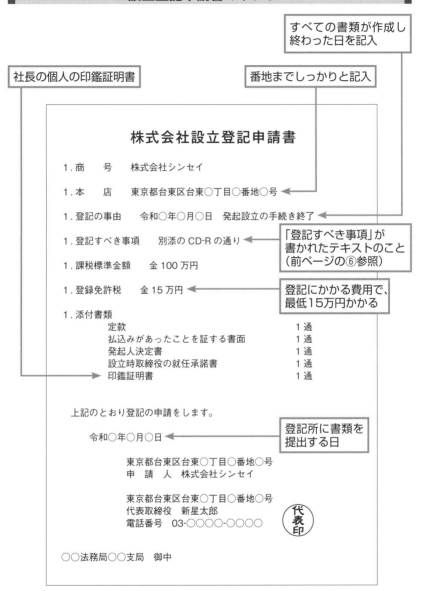

発起人決定書と設立時取締役の就任承諾書のサンプル

発起人決定書

令和○年○月○日、東京都台東区台東○丁目○番地○号、当会社の創立事務所において、発起人 新星太郎は、下記の事項を決定した。

記

1．発起人が割当てを受ける設立時発行株式の数及びその払込金額を次のとおりとする。

新星太郎　　普通株式　50株　　　金100万円

2．設立に際して出資される財産の全額を資本金とし、その額を金100万円とする。

3．設立時取締役を次のとおりとする。

設立時取締役　　新星太郎

4．本店の所在場所を次のとおりとする。

本店　東京都台東区台東○丁目○番地○号

以上の決定事項を明確にするため、本決定書を作成し、発起人が次に記名押印する。

令和○年○月○日

株式会社シンセイ
発起人　新星太郎

「貴社」と書く

設立時取締役の就任承諾書

私は、令和○年○月○日、貴社創立事務所において、発起人の決定により設立時取締役に選任されましたので、その就任を承諾します。

令和○年○月○日

住　所　　東京都台東区台東○丁目○番地○号
氏　名　　新星太郎

「御中」と記載

株式会社シンセイ　御中

「登記すべき事項」のサンプル

登記すべき事項である、商号、本店の所在地、目的、資本金の額などを入力したテキストデータを作成し、CD-Rなどに記録して提出

「商号」株式会社シンセイ
「本店」東京都台東区台東○丁目○番地○号
「公告をする方法」官報に掲載してする。
「目的」
1　書籍の編集、販売
2　雑誌の編集、販売
3　インターネットにおける情報等の収集、リサーチ
4　インターネットにおける情報等の販売
5　前各号に附帯する一切の事業
「発行可能株式総数」５００株
「発行済株式の総数」５０株
「資本金の額」金１００万円
「株式の譲渡制限に関する規定」
当会社の株式を譲渡により取得するには、株主総会の承認を要する。
「役員に関する事項」
「資格」取締役
「氏名」新星太郎
「役員に関する事項」
「資格」代表取締役
「住所」東京都台東区台東○丁目○番地○号
「氏名」新星太郎
「登記記録に関する事項」設立

印鑑届書の記載例

印鑑（改印）届書

※ 太枠の中に書いてください。

（地方）法務局　　支局・出張所　　○年○月○日　届出

（注１）（届出印は鮮明に押印してください。） 代表印	商号・名称		株式会社シンセイ
	本店・主たる事務所		東京都台東区台東○丁目○番地○号
	印鑑提出者	資格	代表取締役・取締役・代表理事 理事・（　　　）
		氏名	新星太郎
		生年月日	大・昭・平・西暦　○年○月○日生
□ 印鑑カードは引き継がない。 （注２）□ 印鑑カードを引き継ぐ。 印鑑カード番号 前任者	会社法人等番号		

届出人（注３）☑ 印鑑提出者本人　□ 代理人

		（注３）の印 （市区町村に登録した印） ※ 代理人は押印不要
住所	東京都台東区台東○丁目○番地○号	個人の実印
フリガナ	シンセイ　タロウ	
氏名	新星太郎	

委任状

私は，（住所）

（氏名）

を代理人と定め，□印鑑（改印）の届出，□添付書面の原本還付請求及び受領の権限を委任します。

年　月　日

住所

氏名　　　印　（注３）の印〔市区町村に登録した印鑑〕

□ 市区町村長作成の印鑑証明書は，登記申請書に添付のものを援用する。（注４）

（注１）印鑑の大きさは，辺の長さが１㎝を超え，３㎝以内の正方形の中に収まるものでなければなりません。

（注２）印鑑カードを前任者から引き継ぐことができます。該当する□にレ印をつけ，カードを引き継いだ場合には，その印鑑カードの番号・前任者の氏名を記載してください。

（注３）本人が届け出るときは，本人の住所・氏名を記載し，**市区町村に登録済みの印鑑**を押印してください。代理人が届け出るときは，代理人の住所・氏名を記載（押印不要）し，委任状に所要事項を記載し（該当する□にはレ印をつける），本人が**市区町村に登録済みの印鑑**を押印してください。なお，本人の住所・氏名が登記簿上の代表者の住所・氏名と一致しない場合には，代表者の住所又は氏名の変更の登記をする必要があります。

（注４）この届書には作成後３か月以内の**本人の印鑑証明書**を添付してください。登記申請書に添付した印鑑証明書を援用する場合（登記の申請と同時に印鑑を届け出た場合に限る。）は，□にレ印をつけてください。

印鑑処理年月日				
印鑑処理番号	受付	調査	入力	校合

（乙号・８）

印鑑カード交付申請書の記載例

印鑑カード交付申請書

※ 太枠の中に書いてください。

（地方）法務局　　支局・出張所　　○年○月○日　申請

照合印	

（注１）登記所に提出した印鑑の押印欄	商号・名称	株式会社シンセイ
代表印	本店・主たる事務所	東京都台東区台東○丁目○番地○号
	印鑑提出者　資格	代表取締役・取締役・代表社員・代表理事・理事・支配人（　　）
	印鑑提出者　氏名	新星太郎
（印鑑は鮮明に押印してください。）	印鑑提出者　生年月日	大・昭・平・西暦　○年○月○日生
	会社法人等番号	

申　請　人（注２）☑印鑑提出者本人　□代理人

住　所	東京都台東区台東○丁目○番地○号	連絡先	□勤務先　□自宅　□携帯番号
フリガナ	シンセイ　タロウ		電話番号 03-○○○○-○○○○
氏　名	新星太郎		

委　　任　　状

私は，（住所）

（氏名）

を代理人と定め，印鑑カードの交付申請及び受領の権限を委任します。

年　　月　　日

住　所

氏　名　　　　　　印（登記所に提出した印鑑）

（注１）　押印欄には，登記所に提出した印鑑を押印してください。
（注２）　該当する□にレ印をつけてください。代理人の場合は，代理人の住所・氏名を記載してください。その場合は，委任状に所要事項を記載し，登記所に提出した印鑑を押印してください。

交付年月日	印鑑カード番号	担当者印	受領印又は署名
			代表印

（乙号・９）

8 06 税務署に必要書類の届出をする

会社を設立後、すぐに税務署に提出するべき書類があります。大幅な節税につながる書類もあるので、忘れずに行いましょう。

◉設立後、すぐに書類を届け出る

会社を設立して事業を開始すると、法人税などの税金の申告や納付の義務が発生します。

わが国の納税方式は「**申告納税方式**」といい、納税者が自ら手をあげて納税する仕組みになっています。そのため、会社の登記が完了したら、早速、必要な書類をそろえて税務署に届け出なくてはなりません。

これらの書類は期限厳守で重要なものばかりなので、事前によく確認しておきましょう。できれば、会社の登記が完了した後、すぐに税理士などの専門家に相談するといいでしょう。

書類の中には、必ず提出しなくてはならないものと、必要に応じて提出するものがあります。

◉税務署に提出するさまざまな書類

会社を設立後、すぐに納税地（会社の本店）を管轄する税務署に提出する書類には、次のものがあります。

①法人設立届出書
②青色申告の承認申請書
③給与支払事務所等の開設届出書
④棚卸資産の評価方法の届出書
⑤消費税関係の届出書

このうち、法人設立届出書と給与支払事務所等の開設届出書、青色申告の承認申請書は、かならず提出しましょう。それ以外の書類は、必要に応じて提出します。

すべて重要な届出書ですが、とくに注意しておきたいのは、さまざまな税務上の特典が得られる青色申告の承認申請書です。これを提出することで、大幅な節税につながることがあるので、必ず出しておきたい書類です。

◉地方税を納めるための手続きも忘れずに

会社が納める税金には、国税（所得税や法人税、消費税）のほかに、各自治体に納める地方税（住民税）があります。

地方税には、都道府県と市区町村に納付するものがあり、国に納

法人設立届出書の記載例

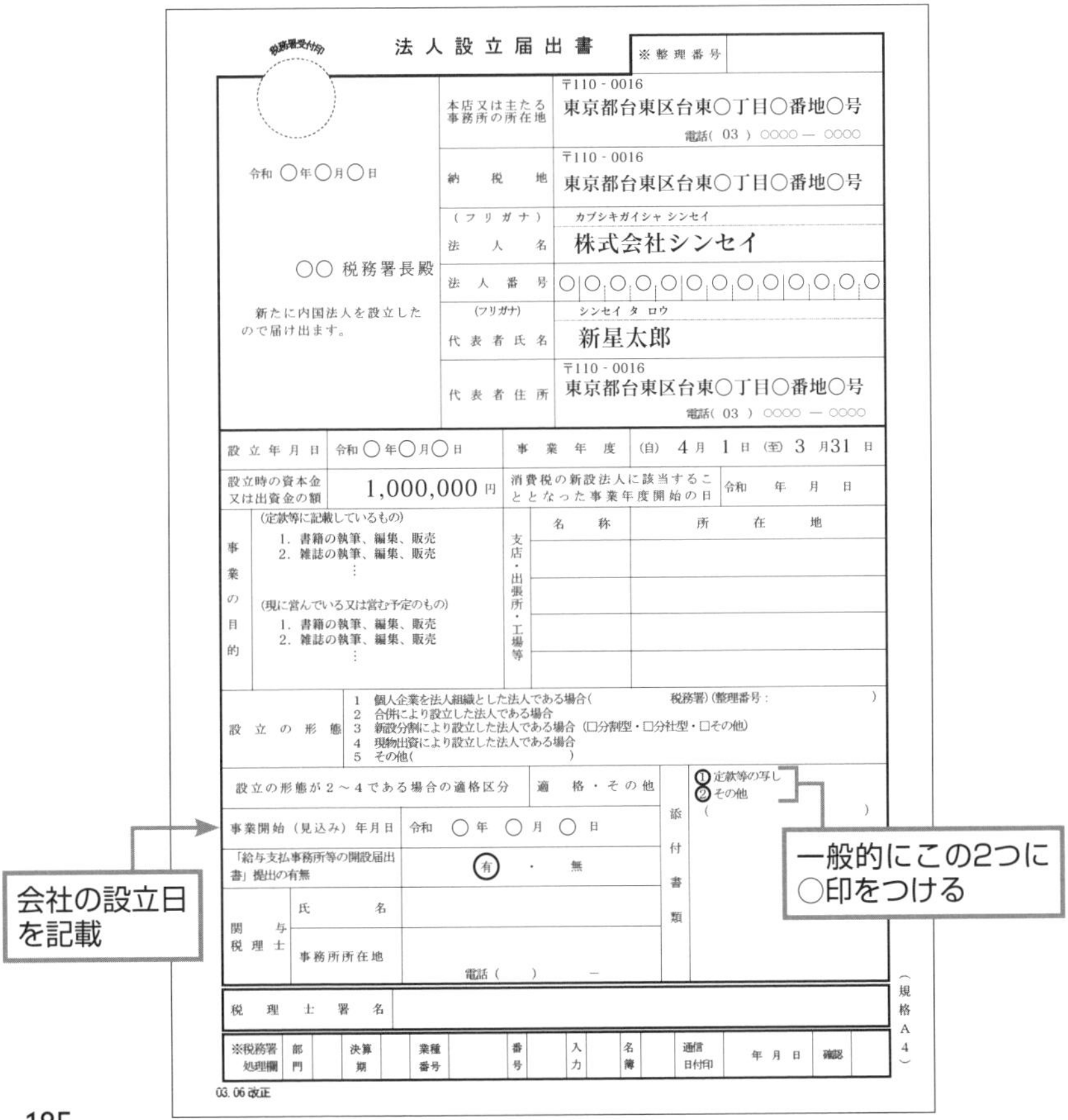

会社の設立日を記載
一般的にこの2つに○印をつける

法人設立届出書

税務署受付印

※整理番号

令和 ○年○月○日

○○ 税務署長殿

新たに内国法人を設立したので届け出ます。

本店又は主たる事務所の所在地	〒110 - 0016 東京都台東区台東○丁目○番地○号 電話（03）○○○○ — ○○○○
納税地	〒110 - 0016 東京都台東区台東○丁目○番地○号
（フリガナ）	カブシキガイシャ シンセイ
法人名	株式会社シンセイ
法人番号	○○○○○○○○○○○○○
（フリガナ）	シンセイ タ ロウ
代表者氏名	新星太郎
代表者住所	〒110 - 0016 東京都台東区台東○丁目○番地○号 電話（03）○○○○ — ○○○○

設立年月日	令和 ○年○月○日	事業年度	（自） 4月 1日 （至） 3月31日
設立時の資本金又は出資金の額	1,000,000円	消費税の新設法人に該当することとなった事業年度開始の日	令和 年 月 日

事業の目的

（定款等に記載しているもの）
1. 書籍の執筆、編集、販売
2. 雑誌の執筆、編集、販売
⋮

（現に営んでいる又は営む予定のもの）
1. 書籍の執筆、編集、販売
2. 雑誌の執筆、編集、販売
⋮

支店・出張所・工場等

名称	所在地

設立の形態
1 個人企業を法人組織とした法人である場合（　　　税務署）（整理番号：　　　）
2 合併により設立した法人である場合
3 新設分割により設立した法人である場合（□分割型・□分社型・□その他）
4 現物出資により設立した法人である場合
5 その他（　　　）

設立の形態が2〜4である場合の適格区分	適格・その他
事業開始（見込み）年月日	令和 ○年 ○月 ○日
「給与支払事務所等の開設届出書」提出の有無	㊒・無
関与税理士 氏名	
関与税理士 事務所所在地	電話（　　）　—

添付書類
①定款等の写し
②その他
（　　　）

税理士署名

※税務署処理欄	部門		決算期		業種番号		番号		入力		名簿		通信日付印	年 月 日	確認	

03.06改正

（規格A4）

める法人税・消費税と同じタイミングで申告しなくてはなりません。

◉法人設立届出書はすみやかに提出する

それでは、税務署などに提出する書類を1つずつ詳しく見ていきましょう。

まずは「**法人設立届出書**」です。会社を設立後、すぐに都道府県税事務所と市区町村役場に「**法人設立届出書**」（税務署に届け出た書類と同じもの）を提出します。提出期限は**会社設立の日から2カ月以内**です。提出するときは、次の書類をかならず添付します。

- 定款のコピー
- 登記事項証明書（履歴事項全部証明書）

また、必要に応じて次の書類の添付を求められる場合もあります。

- 株主の名簿
- 現物出資者名簿
- 設立趣意書
- 設立時の貸借対照表
- 合併契約書のコピー
- 分割計画書のコピー

法人設立届出書は、地方自治体にも提出が必要です。提出する用紙はまったく同じですから、都道府県税事務所用と市町村役場用を作成し、それぞれ届け出ます。

期限は自治体によって異なりますが、設立日から**2週間〜1カ月**のところがほとんどです。ただし東京都の場合は、区役所への提出は不要です。都税事務所への提出が区役所への届け出も兼ねているからです。提出期限は15日以内ですから、忘れずに注意しましょう。

また添付書類は、事業の内容や届け出る自治体によって内容が多少異なるので事前に確認しておきましょう。

◉節税につながる青色申告の承認申請書

法人税の申告には個人事業と同じく「青色申告」と「白色申告」があります（個人事業については86ページ参照）。

（個人事業については86ページ参照）

青色申告にはさまざまな特典が用意されています。例えば、当年度の赤字を9年間、繰越控除できたり、当年度の赤字を前年度の黒字と相殺して繰戻還付できます。

また、減価償却資産を通常よりも特別償却・割増償却できたり、研究開発費などの特別税額控除が適用できます。青色申告を選択すると、こうしたさまざまな優遇措置が受けられるのです。

青色申告をするためには、「青

青色申告の承認申請書の記載例

青色申告の承認申請書　※整理番号

税務署受付印

令和○年○月○日

○○税務署長殿

納税地	〒110-0016 東京都台東区台東○丁目○番地○号 電話（03）○○○○－○○○○
（フリガナ）	カブシキガイシャ シンセイ
法人名等	株式会社シンセイ
法人番号	○○○○○○○○○○○○○
（フリガナ）	シンセイ タロウ
代表者氏名	新星太郎
代表者住所	〒110-0016 東京都台東区台東○丁目○番地○号
事業種目	執筆・編集 業
資本金又は出資金額	1,000,000円

自令和○年○月○日
至令和○年3月31日
事業年度から法人税の申告書を青色申告書によって提出したいので申請します。

記

1 次に該当するときには、それぞれ□にレ印を付すとともに該当の年月日等を記載してください。

□ 青色申告書の提出の承認を取り消され、又は青色申告書による申告書の提出をやめる旨の届出書を提出した後に再び青色申告書の提出の承認を申請する場合には、その取消しの通知を受けた日又は取りやめの届出書を提出した日　平成・令和　年　月　日

□ この申請後、青色申告書を最初に提出しようとする事業年度が設立第一期等に該当する場合には、内国法人である普通法人若しくは協同組合等にあってはその設立の日、内国法人である公益法人等若しくは人格のない社団等にあっては新たに収益事業を開始した日又は公益法人等（収益事業を行っていないものに限ります。）に該当していた普通法人若しくは協同組合等にあっては当該普通法人若しくは協同組合等に該当することとなった日　平成・令和　年　月　日

□ 所得税法等の一部を改正する法律（令和2年法律第8号）（以下「令和2年改正法」といいます。）による改正前の法人税法（以下「令和2年旧法人税法」といいます。）第4条の5第1項（連結納税の承認の取消し）の規定により連結納税の承認を取り消された後に青色申告書の提出の承認を申請する場合には、その取り消された日　平成・令和　年　月　日

□ 令和2年旧法人税法第4条の5第2項各号の規定により連結納税の承認を取り消された場合には、同項各号のうち、取消しの基因となった事実に該当する号及びその事実が生じた日　令和2年旧法人税法第4条の5第2項第　号　平成・令和　年　月　日

□ 連結納税の取りやめの承認を受けた日を含む連結親法人事業年度の翌事業年度に青色申告書の提出をしようとする場合には、その承認を受けた日　令和　年　月　日

□ 令和2年改正法附則第29条第2項の規定による届出書を提出した日を含む最終の連結事業年度の翌事業年度に青色申告書の提出をしようとする場合には、その届出書を提出した日　令和　年　月　日

2 参考事項
(1) 帳簿組織の状況

伝票又は帳簿名	左の帳簿の形態	記帳の時期	伝票又は帳簿名	左の帳簿の形態	記帳の時期
現金出納帳	パソコン	毎日	買掛帳	パソコン	毎月末
預金出納帳	パソコン	毎月末	経費帳	パソコン	毎日
売掛帳	パソコン	毎月末	：		

(2) 特別な記帳方法の採用の有無
イ 伝票会計採用
ロ 電子計算機利用

(3) 税理士が関与している場合におけるその関与度合

税理士署名	

※税務署処理欄	部門	決算期	業種番号	番号	入力	備考	通信日付印	年月日	確認

（規格A4）

04.03改正

会社の設立日を記載

最初の事業年度の末日を記載

その他実際に作成している経理書類を記載

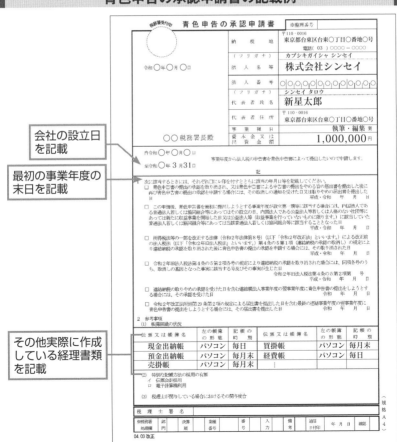

色申告の承認申請書」を税務署に提出します。

青色申告では、日々の取引のすべてを複式簿記にもとづいて記帳して、その記帳にそって適正な申告をしなくてはなりません。また、その帳簿類は10年間保存することが義務づけられています。

設立1期めから青色申告をする場合には、この承認申請書の提出期限は、**設立の日から3カ月を経過した日か、設立1期めの事業年度が終了する日の、いずれか早い日の前日**までとなっています。

◉源泉徴収は会社が所得税を預かり納付

会社から、社長1人だけに対してでも給料を支払うことになったら、その給料額に応じた所得税を差し引いて支給します。差し引いた所得税は、いったん会社が預り、給料を受けた本人（社長以下、従業員）に代わって会社が国に納付します。これを「**源泉徴収**」といいます。

会社をつくった後は、経営者である社長も、サラリーマンと同様に会社という別人格から役員報酬をもらう「給与所得者」になります。そのため、この手続きが必要になるのです。

この源泉徴収はとても大切なことです。もし、源泉徴収するべき所得税の納付をおこたると、「**不納付加算税**」という5～10％もの罰金が発生するからです。

さらに「**延滞税**」として3～9％程度の利息がかかってしまいます。**忘れただけで課される罰金**ですから、かならず頭に入れておきましょう。

源泉徴収は給料のほかに、税理士や弁護士などに報酬を支払うときにも徴収義務があります。また、社外のフリーランスのカメラマンやデザイナーなどに報酬を支払うときにも行います。

◉源泉所得税の納付に関する届出書

源泉所得税に関する書類として、「**給与支払事務所等の開設届出書**」があります。

源泉所得税関係の書類の記載例

※整理番号

税務署受付印

給与支払事務所等の（開設）・~~移転~~・~~廃止~~届出書

令和○年○月○日

○○ 税務署長殿

所得税法第230条の規定により次のとおり届け出ます。

事務所開設者		
	住所又は本店所在地	〒110-0016 東京都台東区台東○丁目○番地○号 電話（03）0000－0000
	（フリガナ）	
	氏名又は名称	シンセイ
	個人番号又は法人番号	○○○○○○○○○○○○○
	（フリガナ）	シンセイ　タ　ロウ
	代表者氏名	新星太郎

（注）「住所又は本店所在地」欄については、個人の方については申告所得税の納税地、法人については本店所在地（外国法人の場合には国外の本店所在地）を記載してください。

開設・移転・廃止年月日	令和○年○月○日	給与支払を開始する年月日	令和　年　月　日

○届出の内容及び理由
（該当する事項のチェック欄□に✓印を付してください。）

		「給与支払事務所等について」欄の記載事項 開設・異動前	異動後
開設	☑ 開業又は法人の設立		
	□ 上記以外 ※本店所在地等とは別の所在地に支店等を開設した場合	開設した支店等の所在地	
移転	□ 所在地の移転	移転前の所在地	移転後の所在地
	□ 既存の給与支払事務所等への引継ぎ（理由）□ 法人の合併 □ 法人の分割 □ 支店等の閉鎖 □ その他（　）	引継ぎをする前の給与支払事務所等	引継先の給与支払事務所等
廃止	□ 廃業又は清算結了 □ 休業		
その他（　）		異動前の事項	異動後の事項

○給与支払事務所等について

	開設・異動前	異動後
（フリガナ）		
氏名又は名称	シンセイ	
住所又は所在地	〒110-0016 東京都台東区台東○丁目○番地○号 電話（03）0000－0000	〒 電話（　）　－
（フリガナ）	シンセイ　タ　ロウ	
責任者氏名	新星太郎	

従事員数	役員 1 人	従業員　人	（　）人	（　）人	（　）人	計　人

（その他参考事項）

税理士署名

※税務署処理欄　部門　決算期　業種番号　入力　名簿等　用紙交付　通信日付印　年月日　確認

03.06 改正

「開業又は法人の設立」にチェックを入れる

源泉所得税の納期の特例の承認に関する申請書

※整理番号

税務署受付印

令和○年○月○日

○○ 税務署長殿

住所又は本店の所在地	〒110-0016 東京都台東区台東○丁目○番地○号 電話 03－0000－0000
（フリガナ）	
氏名又は名称	シンセイ
法人番号	※個人の方は個人番号の記載は不要です。○○○○○○○○○○○○○
（フリガナ）	シンセイ　タ　ロウ
代表者氏名	新星太郎

次の給与支払事務所等につき、所得税法第216条の規定による源泉所得税の納期の特例についての承認を申請します。

給与支払事務所等				
	給与支払事務所等の所在地 ※ 申請者の住所（居所）又は本店（主たる事務所）の所在地と給与支払事務所等の所在地とが異なる場合に記載してください。	〒 電話　－　－		
	申請の日前6か月間の各月末の給与の支払を受ける者の人員及び各月の支給金額〔外書は、臨時雇用者に係るもの〕	月区分	支給人員	支給額
		年　月	外　人	外　円
		年　月	外　人	外　円

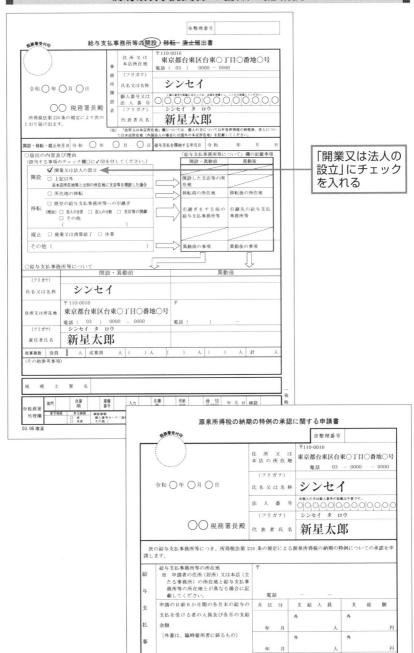

この書類は**最初の給料支払後1カ月以内に提出**することになっています。

また、源泉徴収により会社が預かった所得税は、原則として**給与などを支払った月の翌月10日まで**に納めなくてはなりません。

しかし、従業員の数が常時10人未満の、規模が小さい会社については、「**源泉所得税の納期の特例の承認に関する申請書**」を提出して承認を受ければ、年2回の納付で済ませられます。

つまり、1～6月までの分を7月10日までに納付し、7～12月までの分を翌年1月20日までに納付すればよいのです。

ただし、この特例を申請すると、6カ月分の源泉所得税をまとめて納付することになります。納める税金が多額になるので、資金繰りに影響を及ぼす可能性もあります。

もちろん、納付が遅れたら、不納付加算税と延滞税が発生しますから要注意です。

◉棚卸資産の評価方法を変更するには

「**棚卸資産**」とは、期末に売れ残った商品や未使用の原材料、完成せずに製造途中の仕掛物、工事途中の現場コストなどをいいます。また、これらの資産自体を指すこともあります。

決算のときには、棚卸資産の金額を算出することが必要です。その計算方法は、棚卸資産の期末時の在庫数に、一定の評価方法によって決めた単価を掛けます。

棚卸資産の評価方法にはいろいろなやり方がありますが、通常は法定の評価方法である「**最終仕入原価法**」を用います。これは決算日の直近（年度末の最後）に仕入れた金額を原価として評価するやり方です。

この最終仕入原価法以外を選びたいときは、「**棚卸資産の評価方法の届出書**」を提出することで変更できます。棚卸しの評価次第では、納税額が大きく変わるケースがあるので、検討してみる価値はあるでしょう。

この届出書の提出期限は、設立1期めの事業年度の確定申告書の提出期限までです。

◉減価償却資産の償却方法を変更するには

「減価償却資産」とは、会社が事業のために購入したクルマや機械、机、パソコン、テレビなど、10万円以上の固定資産のうち、使用とともに価値が減少していく資産をいいます。

減価償却資産を取得した場合、すべての金額を取得時に一括して費用（経費）にすることはできません。使うことによって、価値が減少した分だけ費用化されます。

減価償却資産には、法律でそれぞれ「**耐用年数**」

棚卸資産の評価方法の届出書の記載例

棚卸資産の評価方法の届出書　※整理番号

税務署受付印

令和○年○月○日

○○税務署長殿

納税地	〒110－0016 東京都台東区台東○丁目○番地○号 電話（03）○○○○－○○○○
（フリガナ）	カブシキガイシャ シンセイ
法人名等	株式会社シンセイ
法人番号	○○○○○○○○○○○○○
（フリガナ）	シンセイ タロウ
代表者氏名	新星太郎
代表者住所	〒110－0016 東京都台東区台東○丁目○番地○号
事業種目	執筆、編集、出版　業

連結子法人（届出の対象が連結子法人である場合に限り記載）		※税務署処理欄	
（フリガナ）		整理番号	
法人名等		部門	
本店又は主たる事務所の所在地	〒　（　局　署）　電話（　）　－	決算期	
（フリガナ）		業種番号	
代表者氏名		整理簿	
代表者住所	〒	回付先	□ 親署 ⇒ 子署　□ 子署 ⇒ 調査課
事業種目	業		

棚卸資産の評価方法を下記のとおり届け出ます。

記

事業の種類（又は事業所別）	資産の区分	評価方法
出版業	商品又は製品	総平均法
	半製品	
	仕掛品（半成工事）	
	主要原材料	

変更したい棚卸資産の評価法を記入

参考事項
1　新設法人等の場合には、設立等年月日　令和○年○月○日
2　新たに他の種類の事業を開始した場合又は事業の種類を変更した場合には、開始又は変更の年月日　令和　年　月　日
3　その他

税理士署名

※税務署処理欄	部門		決算期		業種番号		番号		整理簿		備考		通信日付印	年月日	確認	

04.03改正　（規格A4）

が決まっていて、この年数で取得した金額を各事業年度に配分していきます。

これが「減価償却」です。

減価償却には、いくつかのやり方がありますが、会社の場合は取得した初年度に大きな金額を経費として、その後は毎年少しずつ金額を減らしていく「**定率法**」が法定の方法です。

例えば、１００万円の償却資産があり、その耐用年数が10年である場合、初年度に経費として20万円を計上でき、２年めは約16万円、３年めは約13万円というように費用化していきます。

もしも、この方法ではなく、個人事業でよく用いられる「定額法」にしたい場合は、税務署に「**減価償却資産の償却方法の届出書**」を提出することで変更できます。

◉消費税の免税事業者となる条件

事業を始めると、原則、「**消費税**」の納税義務者になります。

しかし、すべての会社が納税義務者になるのではありません。「**基準期間**」の課税売上高が１０００万円を超えると課税事業者となります。

基準期間とは、２期前の事業年度のことです。また課税売上高とは、消費税の対象となる売上高をいいます。

つまり、２期前の課税売上高が１０００万円を超えていたら、当期は消費税を納めなくてはなりません。このルールは個人事業も会社も同じです。

ところが、設立１期めと２期めには、２期前という基準期間がありません。そのため、設立時の**資本金などの額が１０００万円未満であれば、設立１期めは免税事業者となります。そして２期めは、２期めの上半期の売上高が１０００万円を超えなければ、引き続き免税事業者**となります。

そのため、設立当初の資本金は１０００万円未満に抑えておき、そのうえ、できれば最初の半年間の売上高が1000万円を超えないようにすることをオススメします。

なお、この権利を得るために提出が必要な書類はありません。

◉消費税の計算の仕方に関する届出書

会社を設立した当初の資本金などの額が、やむを得ず1000万円以上になったときや、設立2期めの上半期の売上高が1000万円を超えてしまった場合でも、消費税の申告をカンタンにする方法があります。

消費税の納税額の決め方は2通りあります。1つは、売上時に預かった消費税から、仕入れや経費などの支払時にかかった消費税を差し引いて、残りの消費税を国に納める方法です。これを「**原則課税**」または「**一般課税**」といい、この計算方法が原則になります。

しかし、この原則課税を採用すると、1つひとつの取引において、本体価格と消費税相当分を分けなくてはならないため、事務手続きが煩雑になります。そこで、税込売上高が5000万円以下の中小企業者だけが選択できる「**簡易課税**」という制度が用意されています。

これは売上に一定割合を掛けて、納付額を求める方法です。このやり方は手間がかからず便利です。また、もしも**簡易課税のほうが消費税の納税額が安ければ、その分を節税できます**。

簡易課税を選ぶには「**消費税簡易課税制度選択届出書**」を税務署に提出する必要があります。提出期限は、最初の事業年度の始まる前日までです。

また、設立時に資本金が1000万円以上となった場合には、「**消費税の新設法人に該当する旨の届出書**」という書類も税務署に提出しなくてはなりません。

この書類は「**速やかに届け出る**」ことと定められています。

07 社会保険の届出をする

社長1人の会社でも社会保険に加入しなくてはなりません。申請先は会社の所在地を管轄する年金事務所になります。

◉社会保険の加入手続きは必須

会社を設立すると、たとえ社長1人の会社でも、**社会保険に加入する義務が発生**します。ここでいう社会保険とは、健康保険（国民健康保険ではない）と厚生年金保険のことです。

申請は、会社の所在地を管轄する年金事務所へ届け出ます。

社会保険で注意したいのは、その出入りの日です。社会保険を脱退する日を「資格喪失日」といいますが、これは**会社を辞めた次の日を指します**。例えば月末に辞めると、資格喪失日はその翌日、つまり翌月の1日になります。

社会保険料は、**資格喪失日の属する月の保険料は発生しない**ので、月末まで会社にいれば保険料の追加負担はありません。

社会保険の加入に必要な書類は次の3つです。

①**健康保険・厚生年金保険新規適用届**
②**健康保険・厚生年金保険被保険者資格取得届**
③**健康保険被扶養者届**

また、保険料の納付を金融機関を使って自動的に振り替える「**健康保険・厚生年金保険保険料口座振替納付申出書**」もあわせて提出しておくと便利です。これらの書類の提出期限は、会社を設立した日から5日以内です。なお、提出書類や添付書類は各年金事務所によって、あるいは提出する側の状況によって変わります。事前に年金事務所に確認してから手続きましょう。

◉すべての書類をそろえたら…

加入手続きに必要な書類をすべて準備したら、いよいよ年金事務所に提出します。

年金事務所に行くときは、会社の代表印を持参しましょう。

また、地域によっては予約が必要なケースもあるので、事前に年金事務所に確認してください。

社会保険の手続きに必要な書類（必要に応じて提出）

●会社に関するもの

- 会社の登記簿謄本（登記事項証明書）
- 法人番号指定通知書等のコピー
- 定款のコピー
- 賃貸借契約書のコピー（会社所在地の土地・建物を借りている場合）
- 就業規則のコピー（ある場合のみ）
- 賃金規程のコピー（ある場合のみ）
- 従業員の出勤簿（またはタイムカードのコピー）
- 従業員名簿（社長を含めた全員分）
- 賃金台帳（全員分。ただし、加入日以降まだ給与の支払いがない場合は不要）
- 役員報酬に関わる取締役会等議事録のコピー

●加入者に関するもの

- 本人の年金手帳

○配偶者がいる場合

- 配偶者の年金手帳
- パートなどで働いている場合、直近３カ月の「給与支払証明書」（勤務先で発行してもらう）
- 無職の場合、「非課税証明書」（市区町村で発行してもらう）

○扶養家族の子がいる場合

- 16歳未満または学生の場合、氏名、生年月日、学年などの情報が書かれた書類
- 無職の場合、市区町村で「非課税証明書」（市区町村で発行してもらう）

○扶養家族の父母がいる場合

- 住民票のコピー
- パートなどで働いている場合、直近３カ月の「給与支払証明書」（勤務先で発行してもらう）
- 無職の場合、「非課税証明書」（市区町村で発行してもらう）
- 年金を受給している場合、直近の「年金の振込通知書（ハガキ）」のコピー

健康保険・厚生年金保険新規適用届の記載例

様式コード
2 1 0 1

健康保険
厚生年金保険 新規適用届

令和 ○ 年 ○ 月 ○ 日提出

受付印

事業主記入欄

事業所所在地	〒110 － 0016 (フリガナ) トウキョウト タイトウク タイトウ 東京都台東区台東○-○-○
事業所名称	(フリガナ) カ 株式会社シンセイ
電話番号	03 （ ○○○○ ）○○○○

株式会社の場合、「カ」と記入

氏名等

事業所情報記入欄

① 事業主（または代表者）氏名	(フリガナ) シンセイ タロウ (氏) 新星 (名) 太郎	② 問合せ先担当者名（内線）	問合せ先担当者名 新星太郎	内線番号	
③ 事業主（または代表者）住所	〒110 － 0016 東京都台東区台東○-○-○				
④ 事業主代理人氏名	(フリガナ) (氏) (名)				
⑤ 事業主代理人住所	〒 －				
⑥ 業態区分（事業の種類）	○○ 事業の種類 ○○○○○○	⑦ 適用年月日（※記入不要）	9. 令和 年 月 日		
⑧ 個人・法人等区分	1. 法人事業所（○印） 2. 個人事業所 3. 国・地方公共団体	⑨ 法人番号等	1. 法人番号（○印） 2. 会社法人等番号	○○○○○○○○○○○○○	
⑩ 本店・支店区分	1. 本店（○印） 2. 支店	⑪ 内・外国区分	1. 内国法人（○印） 2. 外国法人	⑫ 社会保険労務士名	社会保険労務士コード
⑬ 健康保険組合名称	(フリガナ) 健康保険組合	⑭ 厚生年金基金番号		厚生年金基金	
⑮ 給与計算の締切日	○ 日	⑯ 昇給月	○○ 月 月 月 月	⑰ 算定基礎届媒体作成	0. 必要（紙媒体） 1. 不要（自社作成） 2. 必要（電子媒体）
⑱ 給与支払日	当月 翌月（○印） ○ 日	⑲ 賞与支払予定月	○○○○ 月 月 月 月	⑳ 賞与支払届媒体作成	0. 必要（紙媒体） 1. 不要（自社作成） 2. 必要（電子媒体）
㉑ 給与形態	1. 月給（○印） 5. 時間給 2. 日給 6. 年俸制 3. 日給月給 7. その他 4. 歩合給 （ ）	㉒ 諸手当の種類	1. 家族手当 5. 精勤手当 2. 住宅手当 6. 残業手当（○印） 3. 役付手当 7. その他 4. 通勤手当 （ ）	㉓ 現物給与の種類	1. 食事 5. その他 2. 住宅 （ ） 3. 被服 4. 定期券
㉔ 従業員情報	1. 従業員数（役員含む） ○ 人		2. 社会保険に加入する従業員数 ○ 人		
	3. 社会保険に加入しない従業員について ※ ㋑～㋓については平均的な勤務日数および勤務時間を記入してください。		㋐ 役員 人［報酬（0. 無 ／ 1. 有）・常勤（ 人）・非常勤（ 人）］ ㋑ 嘱託職員等 人［1月 日・1週 時間］ ㋒ パート 人［1月 日・1週 時間］ ㋓ アルバイト ○ 人［1月 ○ 日・1週 ○ 時間］		
㉕ 所定労働日数 所定労働時間	1月 ○ 日・1週 ○ 時間 ○ 分				
㉖ 備考					

必ず記入する

事業所業態分類表を確認して記入

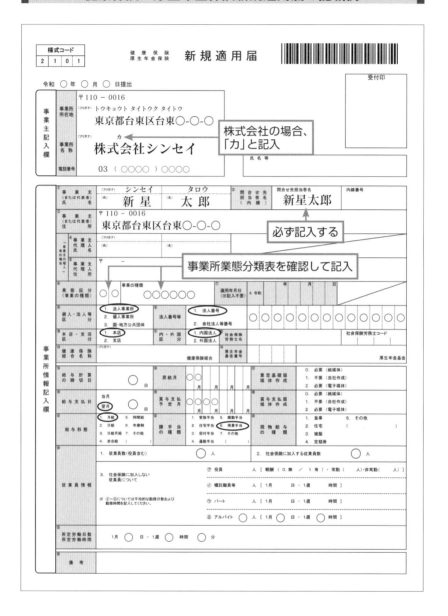

健康保険・厚生年金保険被保険者資格取得届の記載例

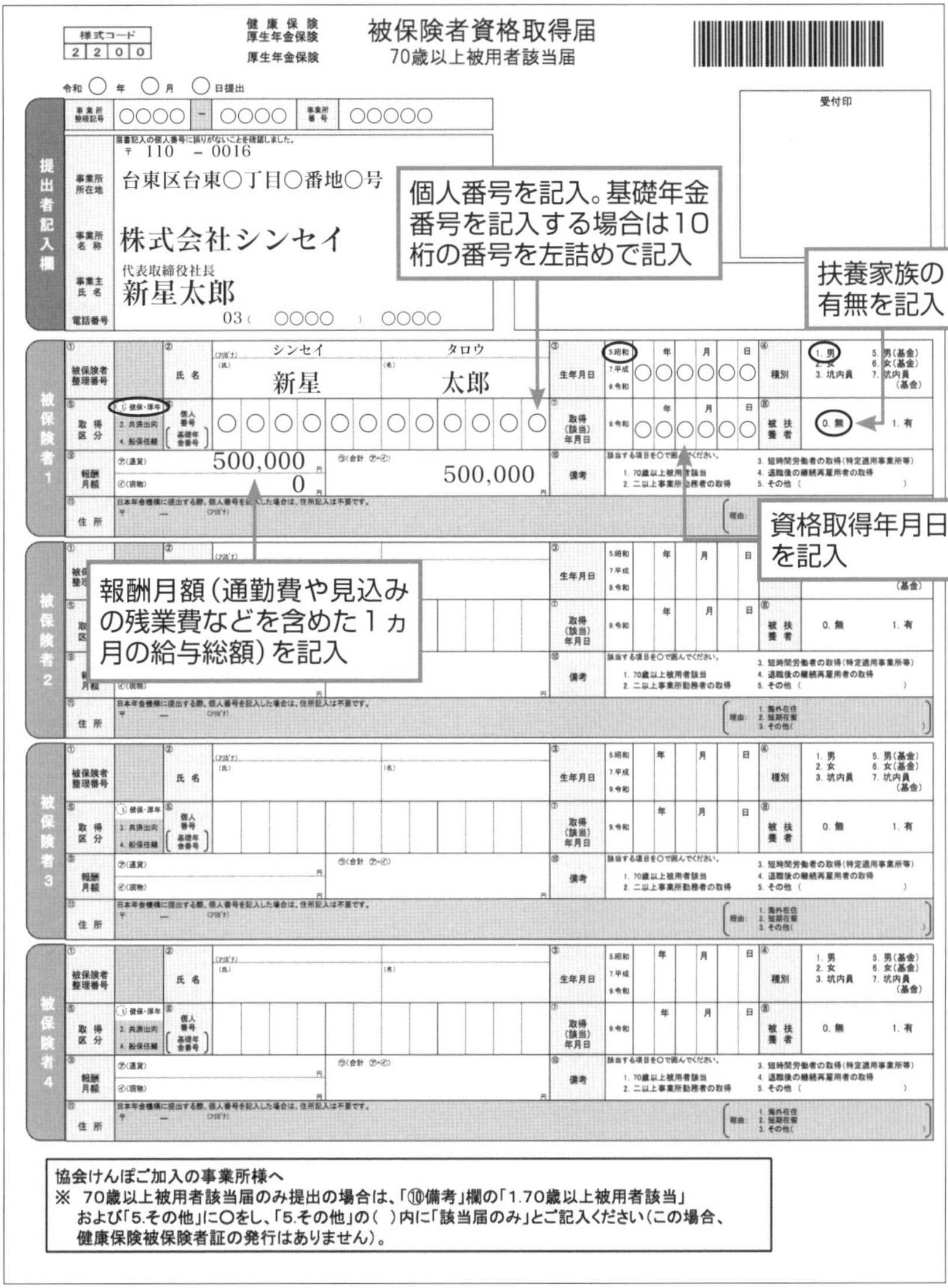
様式コード 2200

健康保険
厚生年金保険
厚生年金保険

被保険者資格取得届
70歳以上被用者該当届

令和 ○ 年 ○ 月 ○ 日提出

受付印

提出者記入欄

事業所整理記号 ○○○○ － ○○○○ 事業所番号 ○○○○○

届書記入の個人番号に誤りがないことを確認しました。
〒 110 － 0016

事業所所在地 台東区台東○丁目○番地○号

事業所名称 株式会社シンセイ

事業主氏名 代表取締役社長 新星太郎

電話番号 03（ ○○○○ ）○○○○

被保険者1

① 被保険者整理番号

② 氏名 (ﾌﾘｶﾞﾅ) シンセイ タロウ (氏) 新星 (名) 太郎

③ 生年月日 5.昭和 7.平成 9.令和 ○○ 年 ○○ 月 ○○ 日

④ 種別 1. 男 2. 女 3. 坑内員 5. 男（基金） 6. 女（基金） 7. 坑内員（基金）

⑤ 取得区分 1. 健保・厚年 3. 共済出向 4. 船保任継

⑥ 個人番号［基礎年金番号］ ○○○○○○○○○○○○

⑦ 取得（該当）年月日 9.令和 ○○ 年 ○○ 月 ○○ 日

⑧ 被扶養者 0. 無 1. 有

⑨ 報酬月額 ㋐（通貨） 500,000 円 ㋑（現物） 0 円 ㋒（合計 ㋐＋㋑） 500,000 円

⑩ 備考 該当する項目を○で囲んでください。 1. 70歳以上被用者該当 2. 二以上事業所勤務者の取得 3. 短時間労働者の取得（特定適用事業所等） 4. 退職後の継続再雇用者の取得 5. その他（ ）

⑪ 住所 日本年金機構に提出する際、個人番号を記入した場合は、住所記入は不要です。 〒 － (ﾌﾘｶﾞﾅ) 理由：1. 海外在住 2. 短期在留 3. その他（ ）

被保険者2・被保険者3・被保険者4（同様式・空欄）

協会けんぽご加入の事業所様へ
※ 70歳以上被用者該当届のみ提出の場合は、「⑩備考」欄の「1.70歳以上被用者該当」および「5.その他」に○をし、「5.その他」の（ ）内に「該当届のみ」とご記入ください（この場合、健康保険被保険者証の発行はありません）。

健康保険被扶養者届の記載例

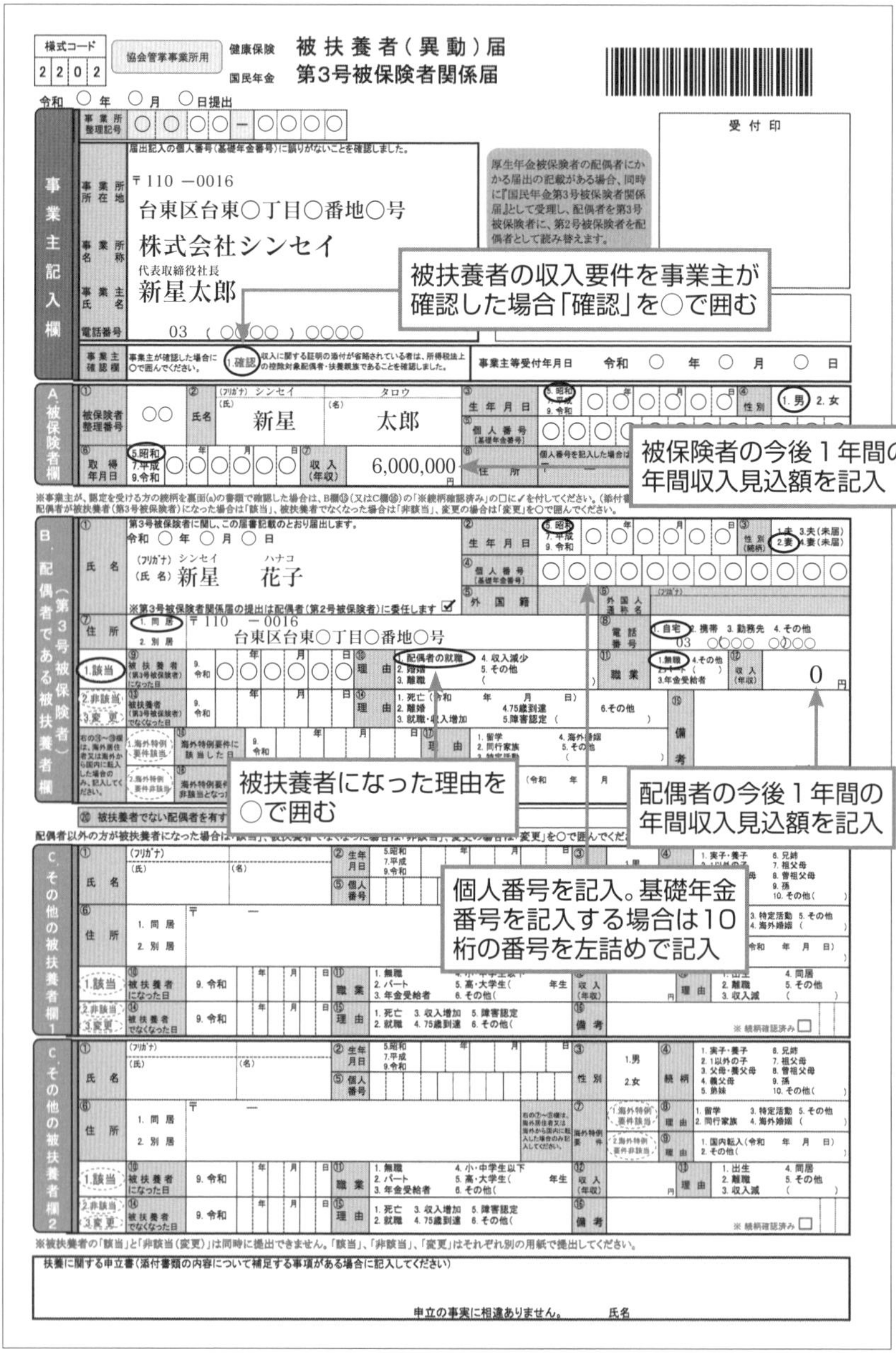

健康保険・厚生年金保険保険料口座振替納付申出書の記載例

様式コード
2593

健康保険
厚生年金保険 保険料口座振替納付（変更）申出書

〇〇 年金事務所長 あて　　令和 〇 年〇月〇日提出

提出者記入欄		
事業所整理記号	—	事業所番号（告知番号）
事業所所在地	〒 110 - 0016 トウキョウト タイトウク タイトウ 東京都台東区台東〇-〇-〇	
（フリガナ）事業所名称	カブシキガイシャ 株式会社シンセイ	
（フリガナ）事業主氏名	ダイヒョウトリシマリヤク シンセイ タロウ 代表取締役 新星 太郎	
電話番号	03 （〇〇〇〇） 〇〇〇〇	

日本年金機構

私は、下記により保険料等を口座振替によって納付したいので、保険料額等必要な事項を記載した納入告知書は、指定の金融機関あてに送付してください。

納入告知（納付）書をお持ちの場合は、記載されている事業所整理記号等をご記入ください。事業主氏名の欄には、肩書と氏名をご記入ください。

1. 振替事由　該当する項目に〇をつけてください。
※複写となっていますので、〇をつける際は、強めにご記入ください。

A 事由	振替事由区分	1.新規（〇） 2.変更

2. 指定預金口座　口座振替を希望する金融機関（納入告知書送付先）インターネット専業銀行等、一部お取り扱いできない金融機関があります。
・太枠内に必要事項を記入、押印してください。（銀行等またはゆうちょ銀行のいずれかを選んでご記入ください。）
・預金口座は、年金事務所へお届けの所在地、名称、事業主氏名と口座名義が同一のものをご指定ください。

B 指定預金口座						
銀行区分	銀行等（ゆうちょ銀行を除く）	金融機関名	〇〇　1.銀行（〇） 2.信用金庫 3.信用組合 4.労働金庫 5.農協 6.漁協	〇〇　1.本店 2.支店（〇） 3.本所 4.支所		
		預金種別	1.普通（〇） 2.当座	口座番号（右詰めで記入） 〇〇〇〇〇〇〇	金融機関コード	支店コード
	ゆうちょ銀行	通帳記号	1〇〇〇0—	通帳番号（右詰めで記入） 〇〇〇〇〇〇〇〇	お届け印	銀行区分に関わらず 2枚目に押印してください

3. 対象保険料等　　健康保険料、厚生年金保険料および子ども・子育て拠出金
4. 振替納付指定日　　納期の最終日（休日の場合は翌営業日）

注）1. 口座振替を希望する金融機関、指定預金口座等を変更するときは、ただちに、この用紙によりご提出ください。
2. 提出された時期により、振替開始月が翌月以降になることがありますのでご了承ください。

金融機関の確認欄
確認印

1枚目（年金事務所用）

機構使用欄	

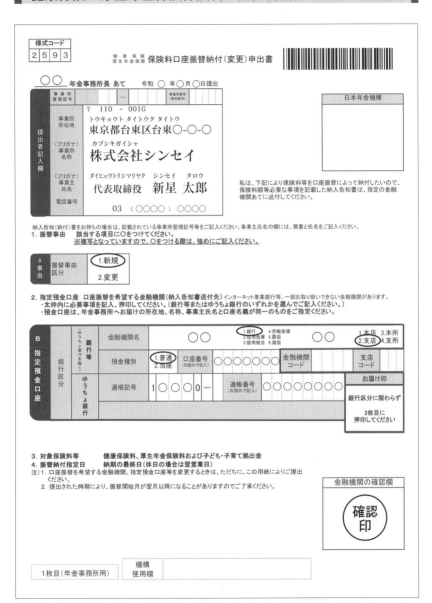

会社はこうして始める

8

08 労働保険の届出をする

従業員を雇ったら、労働保険への加入が義務づけられています。労働基準監督署とハローワークに必要な書類を提出します。

◉人を雇ったら労働保険に加入する

会社で従業員を雇ったときに忘れてはならないのが「**労働保険**」の手続きです。

労働保険とは「**雇用保険**」と「**労働者災害補償保険（労災保険）**」の総称です。

労働保険は、従業員の就業環境を補償するための制度なので、経営者側の役員は原則的に加入できません。

つまり、**社長1人だけの会社や個人事業主は入らなくてもいい**のです。

労働保険の加入手続きをする前には、確認すべきことがあります。それは自分の会社の事業の種類です。

これは大まかに2種類に分けられます。1つは農林水産業と清酒製造業、建設業などの「二元適用事業所」、もう1つはそれ以外の「一元適用事業所」です。それぞれ手続きや保険料の申告納付方法が異なります。

ここでは、大部分の事業所が当てはまる、一元適用事業所を例に紹介していきます。

◉労働基準監督署とハローワークで手続き

最初に行う手続きは、**労働基準監督署**に事業所の保険関係を申告して「成立」させることです。また、保険料の納付も必要となります。

労働保険料は前払い方式で、最初に次の3月末までの保険料を概算で申告・納付します。必要な書類は次のとおりです。

①労働保険保険関係成立届
②労働保険概算保険料申告書

そのとき、添付書類として次のものが必要です。

- 会社の登記簿謄本（登記事項証明書）（コピーでも可。個人事業主は住民票と事業所の所在地がわかるもの）
- 役員を除く全従業員の賃金台帳（会社設立日以降のもの）

①の手続きをすることによって「**労働保険番号**」がもらえます。

労働保険の加入手続きや保険料の納付が完了すると、労災保険の手続きは終わりです。

次は、雇用保険に関する手続きを**ハローワーク**で行います。

このときに労働保険番号が必要になります。書類は次のものを用意します。

①雇用保険適用事業所設置届
②雇用保険被保険者資格取得届（加入者の人数分）

また、添付書類は次のとおりです。

- 会社の登記簿謄本（登記事項証明書）（コピーでも可。個人事業主は不要）
- 労働保険保険関係成立届の事業主控（労働基準監督署の受付印のあるもの）
- 取引先との請求書、領収書、納品書などのコピーを2～3枚
- 加入予定者全員分の労働者名簿（雇入年月日を記入する）
- 加入予定者全員分の、出勤簿またはタイムカードのコピー（加入日から現在まで）
- 加入予定者全員分の、賃金台帳のコピー（提出時までに給料の支払いがない場合は不要）

これらの手続きをするときは、会社の代表印（個人事業の場合は個人印）をもって行くのを忘れないでください。

労働保険保険関係成立届の記載例

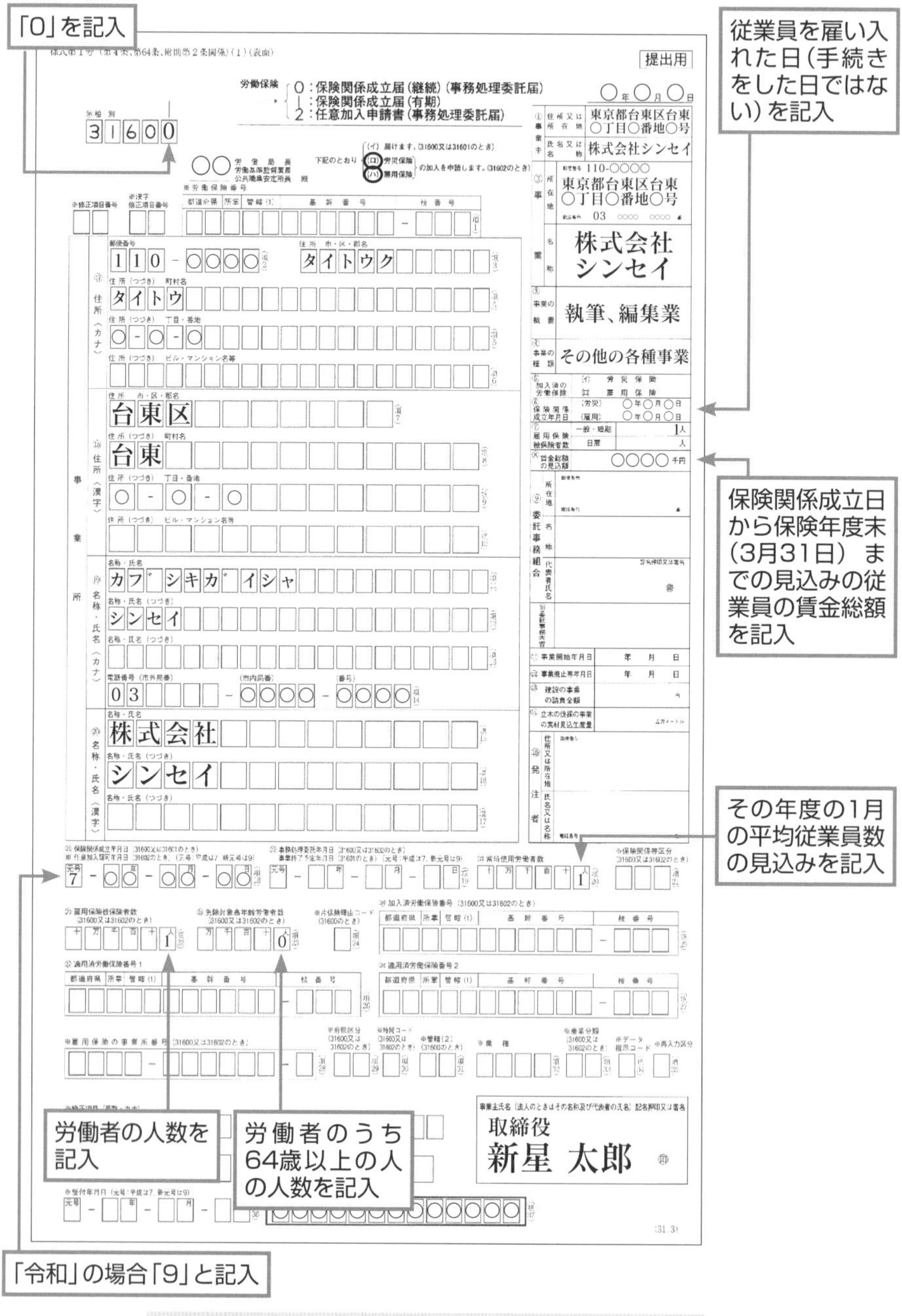

提出期限は、保険関係が成立した日から10日以内

労働保険概算保険料申告書の記載例

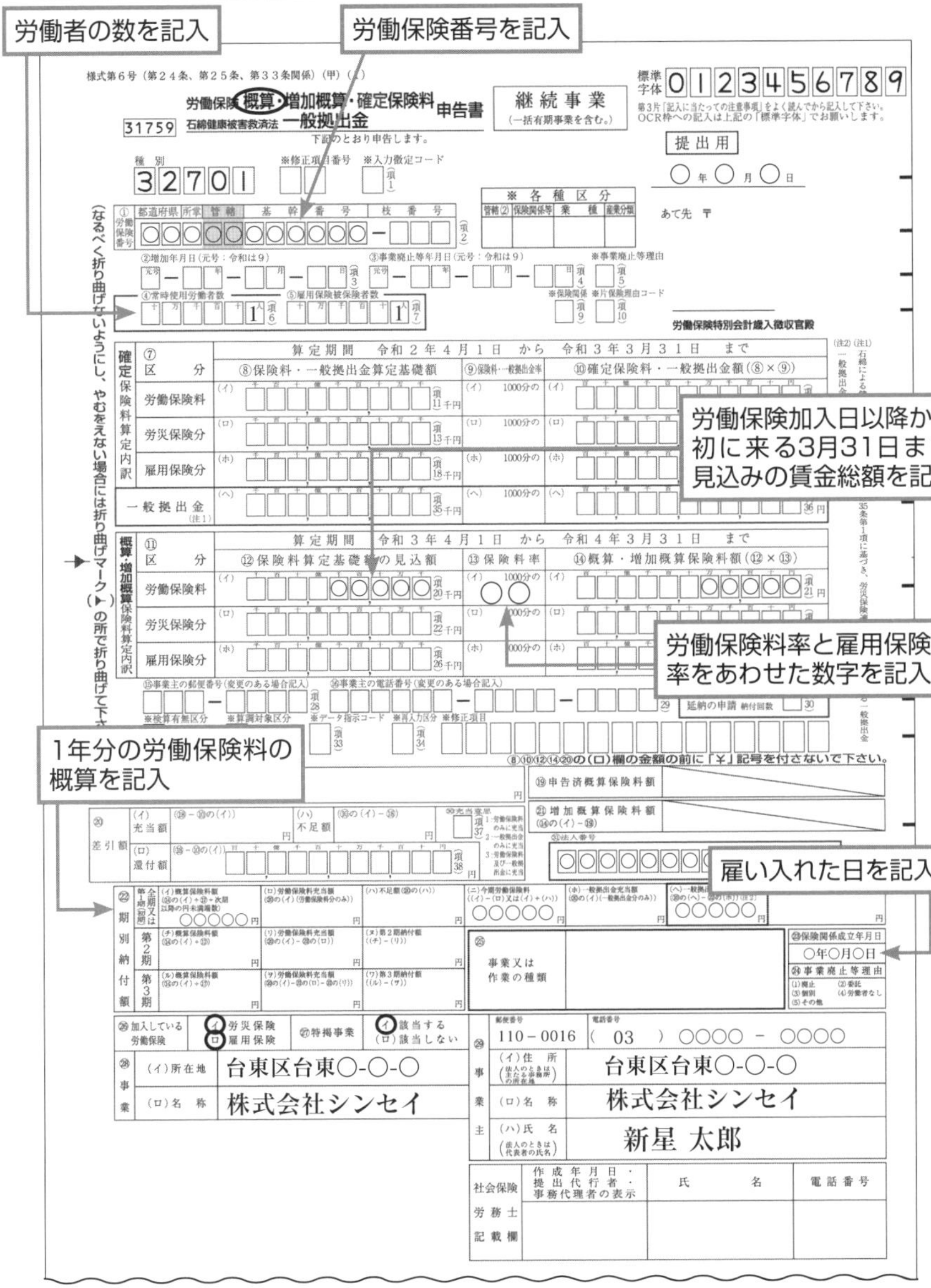

※労働保険料率と雇用保険料率は、業種によって異なるので、
労働基準監督署などに事前に問い合わせよう

提出期限は、保険関係が成立した日から 50 日以内

雇用保険適用事業所設置届(表面)の記載例

表面

雇用保険適用事業所設置届 (必ず第2面の注意事項を読んでから記載してください。)

※ 事業所番号

帳票種別 12001

1. 法人番号(個人事業の場合は記入不要です。) ○○○○○○○○○○○○○

下記のとおり届けます。

○○公共職業安定所長 殿

令和 ○ 年 ○ 月 ○ 日

2. 事業所の名称(カタカナ) カブシキガイシャ

事業所の名称〔続き(カタカナ)〕 シンセイ

3. 事業所の名称(漢字) 株式会社

事業所の名称〔続き(漢字)〕 シンセイ

4. 郵便番号 110-○○○○

5. 事業所の所在地(漢字)※市・区・郡及び町村名 台東区台東

事業所の所在地(漢字)※丁目・番地 ○丁目○番地○号

事業所の所在地(漢字)※ビル、マンション名等

6. 事業所の電話番号(項目ごとにそれぞれ左詰めで記入してください。) 03-○○○○-○○○○

市外局番 市内局番 番号

7. 設置年月日 4-○○○○○○ (3 昭和 4 平成 5 令和)

元号 年 月 日

8. 労働保険番号 ○○○○○○○○○○○

府県 所掌 管轄 基幹番号 枝番号

※公共職業安定所記載欄 9. 設置区分(1 当然 2 任意) 10. 事業所区分(1 個別 2 委託) 11. 産業分類 12. 台帳保存区分(1 日雇被保険者のみの事業所 2 船舶所有者)

13. 事業主	(フリガナ)	タイトウク タイトウ ○チョウメ○バンチ○ゴウ	17. 常時使用労働者数	1人
	住所(法人のときは主たる事務所の所在地)	台東区台東○丁目○番地○号	18. 雇用保険被保険者数 一般	1人
	(フリガナ)	カブシキガイシャ シンセイ	日雇	0人
	名称	株式会社シンセイ	19. 賃金支払関係 賃金締切日	10日
	(フリガナ)	シンセイ タロウ	賃金支払日	当・翌月25日
	氏名(法人のときは代表者の氏名)	新星太郎 印		
14. 事業の概要		執筆、編集業	20. 雇用保険担当課名	新星太郎 課 係
15. 事業の開始年月日		令和○年○月○日 ※16. 事業の廃止年月日 令和 年 月 日	21. 社会保険加入状況	健康保険 厚生年金保険 労災保険
備考			※ 所長 次長 課長 係長 係 操作者	

(この届出は、事業所を設置した日の翌日から起算して10日以内に提出してください。)

2019. 5

労働保険番号を記入

「令和」の場合は「5」を記入

社会保険に加入した場合、すべてを○で囲む

提出期限は、設置の日から10日以内

雇用保険被保険者資格取得届の記載例

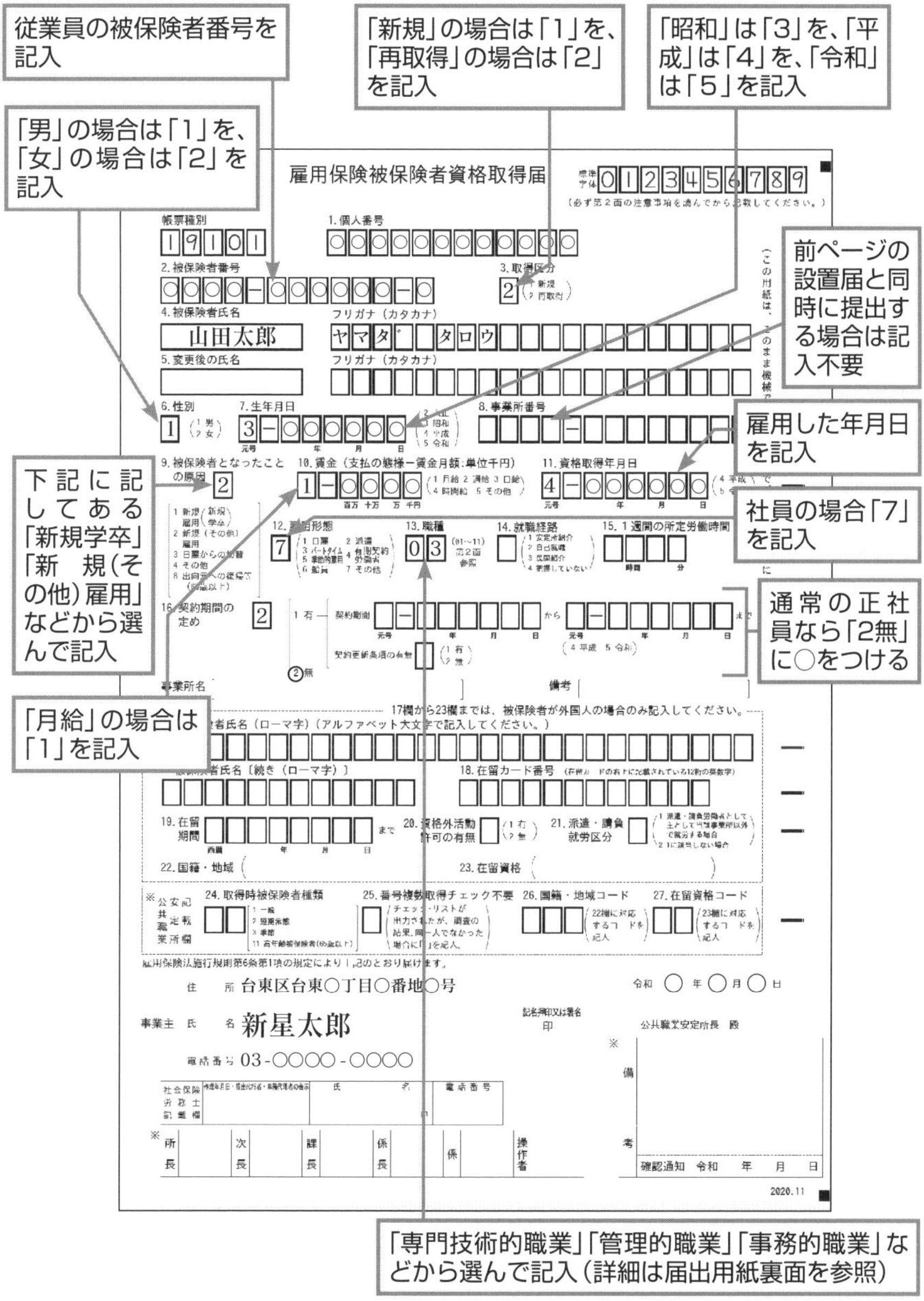

※提出期限は、資格取得の事実があった日の翌月 10 日まで

た行

な行

は行

ま行

や行

ら行

索 引

●著者紹介

関根　俊輔（せきね　しゅんすけ）

税理士。中央大学法学部法律学科卒。優秀なビジネスマンや税理士を多数輩出する尾立村形会計事務所（東京都）で会計人としての修行を重ねる。

その後、関根圭一社会保険労務士・行政書士事務所（茨城県）にて、主に労働基準監督署や社会保険事務所の立ち会いや労使紛争解決等の人事業務、加えて法人設立、建設業許可、遺産分割協議書や内容証明郵便および会社議事録作成等の業務に携わる。

平成19年には、共同で税理士法人ゼニックス・コンサルティングを設立。

現在は、学生時代から培った「リーガルマインド」を原点に、企業に内在する税務・人事・社内コンプライアンス等、経営全般の諸問題を横断的に解決する専門家として活躍している。著書に『個人事業を会社にするメリット・デメリットがぜんぶわかる本』（新星出版社）等、監修書籍に『経費で落ちる　領収書・レシートがぜんぶわかる本』、『図解わかる　小さな会社の総務・労務・経理』、『図解わかる　小さな会社の給与計算と社会保険』（いずれも新星出版社）等がある。

ホームページ　https://www.xenixconsulting-ibaraki.com

改訂6版　個人事業と株式会社の
メリット・デメリットがぜんぶわかる本

2023年9月15日　初版発行

著　者　関　根　俊　輔
発行者　富　永　靖　弘
印刷所　今家印刷株式会社

発行所　東京都台東区台東２丁目24　株式会社　新星出版社
〒110－0016　☎03(3831)0743

ISBN978-4-405-10432-7